KEINE ZEIT!

KEINE Zeit!

RUHESTAND – EIN VOLLZEITJOB

Pattloch

INHALT

Robert Gernhardt
STUFEN

Die Jugendzeit mit ihren Ängsten:

Wer hat den längsten?

Die Reifezeit mit ihrem Wissen:

Kein Mann muss müssen.

Das Abendrot mit seinem Winken:

Eins läuft noch. Trinken.

Gehören Sie auch zu der Altersgruppe, die ab und zu laut seufzt und verkündet, dass früher doch alles einfacher war? Und natürlich viel besser und leichter und schöner? Weil man damals noch so jung und neugierig, so unverbraucht und gesund, so selbstbewusst und hübsch war? Und weil es kein Internet, keine Handys, wenig Autos und keine Hektik gab? Für Letzteres sind wir wohl zu jung, aber der Rest stimmt, oder?

Ich sage es Ihnen: alles Blödsinn. Ich habe nämlich in meine alten Tagebücher geguckt. Das Leben war nicht leichter. Überhaupt nicht. Zu kaum einem Zeitpunkt. Im Alter von zehn Jahren war mein Leben sogar eine einzige Katastrophe. Das kann ich dokumentieren.

Mit sehr ordentlicher Schrift habe ich vermerkt: »Es ist alles schrecklich. Ich habe eine Fünf in Mathe, ich darf kein abessinisches Meerschweinchen haben, nicht mal einen Hamster, Mama will nicht, ich sehe ihr auch gar nicht ähnlich, ich glaube, ich bin adoptiert.«

Da haben Sie es. Ich war ein verzweifeltes Kind. Vermutlich auch noch ein elternloses. Anders war es wirklich nicht zu erklären.

Und es wurde nicht besser. Vier Jahre später sah die Welt so aus:

»Am liebsten wäre ich tot. Ich treffe mich mit Jens (der Name ist mit Herzchen umrankt) im Kino und mitten auf dem Kinn habe ich einen riesigen Pickel. Und Schnupfen. Er wird mich doch niemals küssen. Ich sag ab.«

Das waren noch echte Probleme. Aber es ging noch schlimmer. Zwei Jahre später: »Die blöde Schlampe Silke ist jetzt ganz dünn. Sie hat die Haare gefärbt. Blond. Und geht jetzt mit Jens, weil der auf Blondinen steht. Ich darf meine Haare nicht färben, weil ich noch nicht erwachsen bin. Mama spinnt. Ich hasse alle.«

Von wegen, das Leben war leichter. Man hält es für kaum möglich, dass man diese Jahre überleben konnte. Aber ich habe es tatsächlich geschafft. Ich muss mich wundern. Und heute bin ich heilfroh, dass meine Mutter tatsächlich meine Mutter ist, ich kein abessinisches Meerschweinchen versorgen muss, meine Haare färben darf, nicht mehr mit Jens zusammen bin, von Silke seit Jahrzehnten nichts mehr gehört und gesehen habe und meine Haut zwar nicht mehr ganz glatt, aber dafür pickelfrei ist. Eigentlich ist das Leben doch einfacher geworden, oder?

Mit mitleidigen Grüßen an die verzweifelte Jugend
Ihre ziemlich zufriedene Dora Heldt

Sky du Mont
FITNESS!

Mit jedem Lebensjahr, das mir der liebe Gott schenkt, schenkt er mir – gefühlt – eine Verzehnfachung der Mahnung »Fitness ist wichtig!«. Natürlich ist Fitness wichtig. Aber ist sie das nicht für jeden, egal, wie alt er ist? Ich höre meine Frau sagen: »Aber je älter man wird, desto wichtiger ist sie!«

»Mag sein. Aber wenn es so was wie ein gefühltes Alter gibt, muss es dann nicht auch so was wie gefühlte Fitness geben?«

»Nein, Schatz, gibt es nicht. Fitness ist etwas Objektives.«

»Finde ich nicht.«

»Sondern?«

»Sondern, es gibt mindestens so was wie eine Wohlfühlfitness.«

»Wohlfühlfitness?«

»Ja. Passend zum Wohlfühlgewicht.«

»Lass mich raten. Du hast deine Wohlfühlfitness schon erreicht.«

»Exakt! Ich fühle mich mit meiner Fitness wunderbar wohl. Wer weiß, ob ich mich mit einer anderen Fitness überhaupt wohlfühlen könnte!« Ich habe ja diesen

Gesichtsausdruck drauf, der auf tiefe Überzeugung schließen lässt. Den kombiniere ich mit der ganz großen Skepsis gegenüber allem, was als Alternative infrage kommt. Allerdings habe ich auch diese Frau – und die fällt ja auf keines dieser Gesichter jemals rein. »Ich bin sicher«, sagt sie, »du wirst dich noch viel wohler fühlen.«

»Wenn was?«, frage ich in heimlicher Panik.

»Wenn du mal ein bisschen an deiner Fitness gearbeitet hast.«

»Ah so? Und was schwebt dir da vor?«

»Ein Fahrrad.«

»Ich habe ein Fahrrad.«

»Mit zwei Platten, einer verrosteten Kette und keinem Licht.«

»Jetzt bist du aber wirklich ein bisschen kleinlich.«

»Kleinlich? Du kaufst dir einfach ein neues Fahrrad, sonst mach ich das.«

Bloß nicht! Ist Ihnen das schon aufgefallen? Wir Männer sollen immer mit den lächerlichsten Fahrrädern herumgurken, einen Helm auf dem Kopf, und aussehen wie Klein Doofi, während die Frauen auf schicken Hollandrädern daherschweben, offen das Haar, fröhlich der Blick ... Nun gut, das ist so ähnlich wie im Karneval, wenn sie die heißesten Outfits tragen, und wir sollen als Clown gehen. »Ich mach das schon selber«, erkläre ich also und sehe vor meinem geistigen Auge bereits einen absolut scharfen Flitzer, achtundzwanzig Gänge, italienisches Design, schreiend rot oder matt schwarz. Dazu einen Bikerdress in Neon, mit dem man aussieht wie ein Superheld auf zwei Rädern. Den Helm aerodynamisch und stylisch wie aus Star Wars ...

Und dann kommt doch alles ganz anders.

So ein Fahrradladen ist ja heute nicht mehr ein leicht ranziger Schuppen mit schlechtem Licht und schlechter Musik aus dem Transistorradio, in dem irgendeine gescheiterte Existenz an alten Drahteseln herumschraubt, sondern das ist Hightech geworden, die reinsten Future Labs sind das heute. Vor allem zwischen den Beinen. Also im Gestänge. Da, wo früher nur eine armselige Stange war, auf der der Sattel saß, ist heute das Kraftwerk des neuzeitlichen Fahrrads untergebracht.

Sie ahnen es: Ich habe das Elektrobike entdeckt! Geniale Erfindung, das! Vor allem kommt so ein motorgestütztes Gefährt inzwischen, wenn man es darauf anlegt, so diskret rüber, dass es für den ungeübten Blick nicht viel anders aussieht als irgendein langweiliges Opa-Fahrrad. Bisschen plump, bisschen unförmig, aber sonst: äußerlich keine besonderen Merkmale. Ich habe mich sofort in diese Lösung all meiner Probleme verliebt. »Gekauft!«, sagte ich und schob mit dem Ding ab.

Was gibt es Befreienderes, als sich auf ein Fahrrad zu setzen, das sogleich losfährt und die Arbeit praktisch ganz allein macht. Mich hat das auf dem Nachhauseweg dermaßen inspiriert! Warum nicht auch Ruderboote, die selber rudern, Tennisschläger, die selber spielen, Skier, die von ganz alleine wedeln … Schöne neue Welt! Das alles könnte ich in den nächsten Jahren erfinden und würde damit steinreich. Allein wie lässig das ist, nach etlichen Kilometern ganz ausgeruht und frisch neben den ganzen Opfern herzuradeln, die sich die Qual ohne elektrische Unterstützung angetan haben. Ein Fest für das Selbstbewusstsein! Mag ja sein, dass es nicht ganz so fit macht wie ein »echtes« Fahrrad. Aber, hey, immerhin gibt es nicht nur die objektive, sondern auch die gefühlte Fitness.

Harald Martenstein

ÜBER JUGENDWAHN

Zu dem Thema »Abschied vom Jugendwahn« erzähle ich eine gleichnishafte Geschichte. Letzte Woche war ich live im Frühstücksfernsehen. Dazu musste ich um 4 Uhr 45 aufstehen. In meinem ganzen Leben habe ich vor 7 Uhr morgens überhaupt noch nie einen zusammenhängenden Satz gesprochen, das kann jeder bestätigen, der mich näher kennt. Jetzt sollte ich, in meiner Eigenschaft als Zarathustra des deutschen Kolumnenwesens, um 6 Uhr 15 mit dem Moderator Thomas Koschwitz vor Millionen Menschen einen lustigen Dialog führen, prallvoll mit Esprit, Savoir-vivre, Camouflage und all den anderen Ulrich-Wickert-Eigenschaften.

Vor Monaten war ich übrigens auch mal bei der Fußpflege. Die Fußpflegerin hat mir, weil meine Füße angeblich für mein Alter zu trocken sind, eine Tube »Gehwohl Med Lipidro« verkauft. Weil ich mir selten oder eigentlich nie um 4 Uhr 45 die Zähne putze, habe ich aus Unkonzentriertheit und Tubenverwechslertum statt der Zahnpasta Fußcreme auf die Zahnbürste getan. Das habe ich aber erst nach ein paar Minuten Putzerei gemerkt, weil meine Geschmacksnerven so früh am Morgen noch ausgeschaltet sind.

Mir wurde in einer Weise übel, wie mir mein Lebtag nicht übel war. In dem Studio war vor mir der berühmte Dönerbrater dran, der kürzlich das lustige Dönerquartett auf den Markt gebracht hat. Er briet Döner und sprach dazu über das lustige Dönerquartett. Der extreme Dönergeruch in der Nase vermischte sich mit dem extremen Geschmack nach feuchtem Fuß im Mund auf eine die Übelkeit so extrem steigernde Weise, dass ich dachte, ich werde mich jetzt live auf das Tischchen übergeben, das vor Thomas Koschwitz steht, und zwar genau dann, wenn er fragt »Was ist eigentlich das Besondere an Ihren Texten?« Am peinlichsten, dachte ich, wird die Tatsache sein, dass ausgerechnet Fußbremse aus mir herausströmt.

Es passierte aber nichts. Ich fuhr mit dem Taxi völlig fertig zur Werkstatt, um den Mercedes abzuholen, der wochenlang geklappert hat wie die Zähne eines vierjährigen Kindes, wenn man ihm den Film »Halloween« zeigt. Sie haben für 2000 Euro einen neuen Motor eingebaut. Sie haben gesagt, anders geht das Klappern nicht weg. Ich zahlte, stieg ein, der Mercedes klapperte lauter denn je. In genau dem Moment rief die Kultur-chefin an und sagte, sie würde es begrüßen, wenn ich mir im Kino jetzt sofort die Pressevorführung des Films »Der Untergang« anschaue. Ich fuhr also völlig fertig zum Kino und schaute zweieinhalb Stunden lang Bruno Ganz dabei zu, wie er den Hitlerwahn spielt. Dabei musste ich, wider Willen, darüber nachdenken, ob Hit-ler trockene Füße gehabt hat, er war ja in dem ent-sprechenden Alter, und es macht reizbar. Dann ging ich, inwendig voll Fußcreme, voll Bitterkeit und voll Hitlerwahn, ins Büro und fand die Nachricht vor, dass ich etwas zum Abschied vom Jugendwahn schreiben soll. Zum Jugendwahn habe ich folgende Botschaft: Früher, als ich jung war, haben mir solche Tage deutlich weniger ausgemacht. Insofern ist der Jugendwahn mög-licherweise berechtigt.

Wladimir Kaminer

AUF DIE GESUNDHEIT ACHTEN

Der Mensch ist ein zartes Wesen. Einmal aus der Balance geraten, gelingt es ihm schwer, sie wiederzufinden. Meine Mutter hat den Zeitpunkt nicht bemerkt, als sie aus der Balance geriet. War es vielleicht am Geburtstag ihrer Schwester gewesen, als diese eine alte sowjetische Leckerei, die nach dem französischen Imperator »Napoleon« benannte Kalorienbombe, gebacken hatte, die meine Mutter seit ihrer Kindheit liebte? Oder war es in der besonders lang andauernden Berliner Regenzeit im Frühling gewesen, als meine Mutter mehrere Wochen zu Hause gesessen und nur Fernsehserien geguckt hatte? Auf jeden Fall war der Körper meiner Mutter deutlich schwerer geworden als ihr Geist. Sie verlor dadurch ihre innere Ruhe und stellte ihren Lebensstil, ihre Gewohnheiten und Vorlieben infrage.

Weniger essen und sich mehr bewegen, lautet in solchen Fällen die Weisheit der Medizin. Doch das ist leichter gesagt als getan. Das Übergewicht ist eine Falle: Je dicker man wird, umso weniger kann man sich bewegen, und je weniger man sich bewegt, umso dicker wird man. Meine Mutter versuchte es mit allem Möglichen. Sie erwarb übers Internet das ayurvedische Nahrungsergänzungsmittel *Guyaschewadabasch*, eine scharfe Marmelade, die sie in dicken Schichten auf Brote und Kartoffelpuffer schmierte. Sie kaufte sich für 300 Euro einen Fahrradtrainer, stellte ihn im Gästezimmer vor dem Fernseher auf und kletterte täglich darauf, was an sich schon eine große Anstrengung war, vergaß dann aber, bei der einen oder anderen interessanten Sendung, in die Pedale zu treten. Das Hochklettern wurde immer anstrengender. Zum Glück fand die Stiftung Warentest irgendwann Giftstoffe in den Griffen des Fahrradtrainers. Meine Mutter nahm diese Nachricht mit Erleichterung auf. Sie besorgte sich Stöcke für Nordic Walking und ging damit durch den Park bis zur ersten Bank, setzte sich in den Schatten einer alten Kastanie, holte ein dickes Sudoku-Heft aus der Tasche und trainierte geistig weiter.

Nichts half, die Balance wollte sich nicht wiederherstellen. Mich machte meine Mutter mit ihren ständigen Gesprächen darüber langsam irre.

»Schenk deiner Mutter doch zum Geburtstag eine Gesundheitsuhr«, riet mir ein Freund, der ein ähnliches Problem bereits hinter sich hatte. »Ich weiß nicht, ob es tatsächlich hilft, aber dann kann sie mit der Uhr über ihre Probleme reden. Die hat ein Mikro und einen eingebauten Lautsprecher und interessiert sich für nichts anderes auf der Welt als die Balance deiner Mutter. Die redet dann nur noch mit der Uhr, und du bist aus dem Schneider«, meinte mein Freund.

Warum es nicht ausprobieren?, dachte ich. Meine Mutter hatte kurz vor Weihnachten Geburtstag, aber so lange wollte ich nicht warten und schenkte ihr die Uhr bereits zum Tag der Großen Oktoberrevolution. Es war eine Wunderuhr. Sie konnte den Herzschlag und den Blutdruck ablesen, die Pulsfrequenz zählen und an der Zusammensetzung des Schweißes ihres Trägers alles über ihn herausfinden. Wahrscheinlich konnte sie auch Gedanken lesen und Träume beeinflussen, darüber stand aber nichts in der Gebrauchsanweisung. Auf jeden Fall besaß die Uhr eine künstliche Intelligenz und entwickelte Machtphantasien. Sie wollte sich den Menschen vollkommen unterwerfen. Zuerst nur einen, dachte die Uhr wahrscheinlich, später den Rest der Welt.

Meine Mutter nahm das Geschenk mit gesundem Misstrauen an und kam schnell mit der Uhr in Konflikt. Die Uhr wollte, wie gesagt, die absolute Herrschaft über meine Mutter erlangen, und meine Mutter wehrte sich nach Kräften. Kaum machte sie den Kühlschrank auf, blinkte die Uhr rot und fing an zu meckern. Ging meine Mutter in den Park, leuchtete die Uhr grün. Setzte sie sich auf eine Bank, gab die Uhr Warnsignale.

Den Höhepunkt dieser Auseinandersetzung erlebte meine Mutter in der Philharmonie. Als große Liebhaberin von Gustav Mahler hatte sie sich bereits vor langer Zeit Karten für ein Konzert der Berliner Philharmoniker besorgt, die Mahlers 3. Symphonie spielten. Meine Mutter hatte die 2. Symphonie im Jahr zuvor gehört und schwärmte noch immer davon. Während der Aufführung – meine Mutter saß in der dritten Reihe Parterre – sagte die Uhr laut und deutlich: »Sie bewegen sich bereits seit einer Stunde nicht. Stehen Sie auf und machen Sie einen Spaziergang.«

Gott sei Dank hörte der israelische Dirigent das nicht, er wäre vor Verwunderung vom Podest gefallen.

»Du machst jetzt selbst einen Spaziergang, und zwar auf die Toilette, und dann einen Sprung ins Klo, wenn du nicht aufhörst zu quatschen«, zischte meine Mutter die Uhr an.

»Sie sind gestresst. Legen Sie sich hin. Legen Sie sich hin. Sie sind sehr aufgeregt. Ihr Puls ist bei 85«, antwortete die Uhr sofort.

»Na warte«, drohte die Mutter und fing an, die Uhr abzunehmen, die immer wieder rot und grün leuchtete und furchtbar schimpfte.

Meine Mutter wickelte das Wunder der Medizin in ein Taschentuch, das Tuch steckte sie in ihre Handtasche, und diese schob sie tief unter den Sitz. Trotzdem hörte man jedes Mal, wenn die Musik leiser wurde, unzufriedene Ausrufe des Geräts: »Stehen Sie auf! Legen Sie sich hin!«

Die Mahler-Symphonie ging zu Ende. Meine Mutter holte die Uhr aus der Tasche und sagte ihr alles, was sie über sie dachte.

Ich glaube, jeder Mensch braucht ein bisschen Stress. Seit meine Mutter mit der Uhr schimpft, nimmt sie stetig ab.

Jürgen Brater

EINMAL UND NIE WIEDER: JAHRGANGSTREFFEN

Haben Sie schon mal eine Einladung zu einem Jahrgangstreffen erhalten? Ich meine, seit Sie sechzig geworden sind? Falls Sie so etwas irgendwann mal in Ihrem Briefkasten finden sollten, gebe ich Ihnen einen gut gemeinten Rat: Gehen Sie nicht hin!

Ich spreche da aus Erfahrung, denn ich habe vor ein paar Jahren an einem solchen Event teilgenommen, genauer gesagt, am Treffen der Fünfundsechziger unseres Stadtteils. Wer es organisiert hat, weiß ich nicht mehr, was ich jedoch noch ganz genau weiß, ist, dass ich bei der Zusammenkunft vor allem eines war: furchtbar erschrocken. Ich sollte genau sooo alt sein wie all diese betagten Herrschaften? Sah ich tatsächlich schon ähnlich verbraucht aus wie die? Doch nachdem sich die erste Verstörtheit gelegt hatte, gestand ich mir widerwillig ein, dass ich diese Frage, ob ich wollte oder nicht, wohl mit Ja beantworten musste. Und dass den etwa vierzig anderen Teilnehmern, als sie ihren Jahrgangskollegen gegenüberstanden, bestimmt allesamt ähnliche Gedanken durch den Kopf gegangen waren.

Nach einem ersten knappen »Hallo« – die meisten von uns waren sich ja total fremd – stellten wir uns zu einem Gruppenfoto auf, das dann zu allem Überfluss am folgenden Tag auch noch im Lokalteil der hiesigen Tageszeitung veröffentlicht wurde. Anschließend bestiegen wir einen Bus und ließen uns damit etwa fünfzig Kilometer zu einer mittelalterlichen Burg kutschieren, deren verfallendes Gemäuer, das kann man nicht anders sagen, geradezu perfekt zu unserer Gruppe passte. Kompliment an die Organisatoren! Dann machten sich diejenigen, die es sich zutrauten, auf zu einer Rundwanderung. Und weil einige Mitwanderer ihre Leistungsfähigkeit offensichtlich krass überschätzt hatten, benötigten wir für die rund vier Kilometer gefühlte drei Stunden. Unterwegs kamen wir nach und nach miteinander ins Gespräch, das sich – wen wundert's – zu neunzig Prozent um Krankheiten und altersbedingte Gebrechen drehte. Und natürlich um die Ärzte, die man sich gegenseitig zur Behandlung der diversen Beschwerden empfahl.

Aber worüber hätten wir uns sonst auch unterhalten sollen? Weder kannten wir einander noch wussten wir über die jeweiligen Ehepartner, Enkel und sonstige familiäre Besonderheiten Bescheid. Und gelegentliche Exkurse, die Vorlieben und Abneigungen einzelner Mitwanderer betreffend, erwiesen sich für die Zuhörer, die den Erzähler nicht kannten, als eher dröge.

Deshalb trotteten wir die meiste Zeit schweigend neben- und hintereinander her und machten alle zehn Minuten eine längere Pause, um die Nachzügler aufschließen zu lassen. Als wir schließlich wieder am Ausgangspunkt ankamen, waren alle sichtlich erleichtert.

In der Burgschenke gab es dann ein spätes Mittagessen, das einige mit Kamillen- oder Pfefferminztee, andere mit angewärmtem Bier zusammen mit einer beträchtlichen Menge an Tabletten, Kapseln und Dragees hinunterspülten. Um einen etwas abseitsstehenden Tisch hatte sich die Hardcore-Fraktion versammelt, die sich – keine Ahnung, anhand welcher Merkmale – schon während des Marschs zusammengefunden und die Ankunft am Ziel mit mehreren Schnäpsen begossen hatte. Während der Mahlzeit ließ man dort unglaubliche Mengen an Rot- und Weißwein auftragen, lachte grölend über Witze, die man sich gegenseitig lautstark erzählte, und war nach dem abschließenden Apfelstrudel mit Eis und Vanillesoße derart gut drauf, dass man freiwillig auf den nächsten Programmpunkt – Führung durch die mittelalterliche Burganlage – verzichtete, um stattdessen lieber im Biergarten lautstark und wild schunkelnd mit den Getränken weiterzumachen, mit denen man beim Mittagessen aufgehört hatte.

Die eigentliche Burgführung erwies sich dann als mäßig spannend und wurde auch nicht dadurch prickelnder, dass eine der Teilnehmerinnen, offenkundig eine ehemalige Geschichtslehrerin, permanent nervige Zwischenfragen stellte, deren Antworten, wenn überhaupt, allenfalls sie selbst interessierten. Die nächsten zweieinhalb Stunden sang uns ein älterer Mann im Kostüm eines Bänkelsängers zum Klang einer Laute mittelalterliche Weisen vor, die sich alle irgendwie gleich anhörten. Hätte er nach jeweils drei Liedern immer wieder von vorne angefangen, kein Mensch hätte es gemerkt. Aber vielleicht hat er ja auch genau das getan. Von allen Programmpunkten dieses Tages war sein Gedudel jedenfalls der mit Abstand ätzendste.

Beim abschließenden gemeinsamen Abendessen war rund ein Drittel der Altersgenossen derart betrunken, dass sie sich allenfalls lallend und weitgehend unverständlich an der allgemeinen Unterhaltung beteiligten. Zwei von ihnen sahen sich dann zu allem Überfluss auch noch genötigt, mehrere Lokalrunden zu schmeißen. Nach rund einem Dutzend »Ein Prosit der Gemütlichkeit« war schließlich auch das überstanden, und es ging endlich wieder nach Hause. Wobei wir unterwegs zum Unwillen des Busfahrers zweimal gezwungen waren, an einer Raststätte anzuhalten, weil mehrere Herrschaften angeblich dringend pinkeln mussten. Beim Anblick der grün im Gesicht Richtung Klo Torkelnden war ich mir allerdings fast sicher, dass deren Hauptproblem nicht eine volle Blase war. Zur Ehrenrettung der Hardcore-Trinker muss ich jedoch lobend anmerken, dass sie sich immerhin so weit in der Gewalt hatten, dass keiner von ihnen in den Bus gekotzt hat.

Unter den Klängen der Laubentaler Lerchen und der Pitzkogler Jodelbuam kamen wir schließlich wieder zu Hause an. Worüber mit Sicherheit nicht nur der um seinen Bus besorgte Fahrer heilfroh war. Seither steht eines für mich fest: Wenn ich mal wieder eine Einladung zu einem Jahrgangstreffen bekomme, segelt diese, begleitet von einem fröhlichen Pfiff, schnurstracks in den Papierkorb.

Sky du Mont

Früher war mir das ja immer etwas peinlich. Meine Mutter hat es interessanterweise nie gemacht, die ist eher jemand für die großen Lösungen. Aber bei Tanten hat man es öfter gesehen, und mein betretenes Schweigen würde man heute als Fremdschämen bezeichnen: Wenn im Restaurant die Frage an den Ober ging: »Haben Sie auch ein kleines Bier?« Ein kleines Bier, also bitte. Natürlich ist das kein Problem, wenn man etwa im Rheinland aufwächst und sich ein Kölsch bestellt.

Das sind ja immer Winzgläser mit bierähnlichem Inhalt (Pardon an alle Kölner). Ich habe meine Jugend aber in München verbracht. Da rechnet man in Maßen und Halben. Ein halber Liter gilt da schon als »kleines Bier«. Noch kleiner ist eher was für die Abteilung Homöopathie. Aber alte Damen neigen nun einmal zu einer gewissen Vorsicht, und man muss das respektieren. Also habe ich über die Peinlichkeit stets generös hinweggesehen und so getan, als stünde ein richtiges Bier vor der

Tante. Wesentlich peinlicher wäre ja schließlich eine betagte Lady gewesen, die im Vollrausch auf den Tischen tanzt und am Ende unter den Tisch rutscht.

So weit die Beobachtungen von früher. Interessant ist, wie sich die Situation und die Perspektive mit der Zeit ändern! Sobald sich nämlich ein paar graue Haare auf dem Kopf zeigen, sieht man sich mit einer ganz anderen Form von Peinlichkeit konfrontiert: Die Kellner fragen plötzlich, ob man gerne eine »Seniorenportion« hätte!

Seniorenportion. Das Wort ist schon für sich genommen eine Frechheit. Es klingt wie »halbe Portion« und als wäre der Greis höchstpersönlich gemeint, der sich davon angesprochen fühlen soll. Aus unerfindlichen, sicher in erster Linie finanziellen Gründen wird in vielen Gaststätten versucht, Rentner über den Tisch zu ziehen. Offenbar traut man einem Menschen über sechzig nicht mehr zu, einen ordentlichen Appetit zu entwickeln. Und rechnen können die ollen Schrullen sowieso nicht mehr. Wer weiß, ob sie überhaupt noch das »Seniorenschnitzel« von der daneben liegenden Papierserviette unterscheiden können.

In München findet alljährlich das Oktoberfest statt, die »Wies'n«. Da gibt es tatsächlich Kontrolleure, die mit dem Lineal nachmessen, ob in den Bierkrügen auch wirklich der geschuldete Liter Flüssigkeit enthalten ist und ob die Portionen auf den Tellern stimmen. Wer als Wies'nwirt seine Gäste betrügt, dem wird die Lizenz entzogen.

So sollte es auch im Rest der Republik sein: Wer Senioren mit Kleinkinderportionen abspeist, der gehört selbst auf Wasser und Brot gesetzt. Es sollte schon verboten sein, dass auf der Karte »Seniorenteller« steht! Das ist Diskriminierung, nichts anderes. Wenn ich ein kleines Schnitzel will, bestelle ich mir ein kleines Schnitzel. Und wenn ich ein kleines Bier will – okay, dann bestelle ich mir in Gottes Namen ein Kölsch.

Überhaupt habe ich den Eindruck, dass immer dann, wenn »Senioren« vor irgendetwas steht, eine Mogelpackung für Doofe drin ist. Die »Seniorenportion« ist mickrig und überteuert, der »Seniorentarif« ist zwar meistens billig – aber auch lediglich, weil man ihn nur dann bekommt, wenn sowieso kein anderer an der Sache Interesse hat. Kino am Vormittag zum Beispiel oder Zugfahren in der Bummelbahn.

Das »Seniorenhandy« ist so technophob, dass man meinen könnte, alle Menschen, die nicht im 21. Jahrhundert geboren wurden, hätten als Babys per Rauchzeichen kommuniziert. Als ich so ein Ding mal in die Hände bekam, musste ich mir anschließend die Daumen schienen lassen, weil Knöpfe dran waren, auf denen die Zahlen so groß waren, dass selbst ein nahezu Blinder sie hätte bedienen können.

Auch etwas Wunderbares: »Seniorenreisen«. Wow! Hat mir mein Bruder netterweise mal eine geschenkt. Das war, als wir noch miteinander redeten. Das hat sich seither erledigt. Eine Seniorenreise nach Venedig, davon werden noch meine Urenkel erzählen, weil sie sich das so oft von mir anhören mussten.

Es ging los mit – nein, nicht einem Flug, auch nicht mit einer schicken ICE-Fahrt, sondern mit einem Reisebus, Holzklasse. Die Klimaanlage klang wie das Schnarchen der Mitreisenden, Getränke oder Snacks Fehlanzeige. Gerade mal, dass sie keine Bettpfannen gereicht haben.

Das Durchschnittsalter der Reisegesellschaft lag irgendwo zwischen Tattergreis und Heino. Die Reiseleiterin hatte ein Organ, das Tote geweckt hätte. Offenbar war die Reise von einem Hörgerätehersteller gesponsert.

Nach gefühlten zwölf Tagen Anreise kletterten wir am Busbahnhof der Lagunenstadt aus dem Gefährt, und ich schwöre, zum ersten Mal spürte ich jeden einzelnen meiner Knochen. Ich konnte meinen Hamburger Orthopäden freudig lachen hören – und der war daheimgeblieben. Zumindest half die Heizdecke etwas, die sie mir an Bord unserer Rakete angedreht hatten. Vielleicht fragen Sie sich jetzt zu Recht, warum kauft der schon wieder eine Heizdecke? Helgoland schon vergessen? Nein, es war ein Verlegenheitskauf: Es war die einzige Möglichkeit, die Reiseleiterin, die im Nebenberuf »Heizdeckenverhökerin« war, loszuwerden, ehe sie mich mit ihrem Mundgeruch endgültig ins Jenseits befördert hätte.

Venedig ist schön. Wenn man etwas mehr sieht als den Bauch eines Vaporettos. Aber aus irgendeinem Grund (zweifellos war es ein Kostengrund) hatten wir ein Gruppenticket für die Bootsfahrt, und die Gruppe sollte zusammenbleiben. »Aus versicherungstechnischen Gründen«, was so viel heißt wie: damit keiner von euch alten Knackern über Bord fällt, weil er versucht, seine dritten Zähne zu fangen, ehe sie beim Staunen ins Wasser plumpsen. Und die verfluchte Reiseleiterin schien einen Narren an mir gefressen zu haben, vermutlich, weil ich als Einziger ohne Gehhilfe aufs Klo kam.

Es regnete drei Tage, dann hieß es die Heimreise antreten. Toll. Venedig im Januar. Typisch mein Bruder.

Billigtarif. Als hätte »Seniorenreise« nicht gereicht. Immerhin: Ich kann jedem eine Seniorenreise empfehlen, der sich mal so richtig jung fühlen will.

Wer nach seiner Rückkehr noch am Leben ist, wird sich trotzdem um Jahrzehnte gealtert fühlen. Dann kann ich ein »Seniorenbett« empfehlen. Glauben Sie nicht? Gucken Sie sich mal in den etwas weniger prickelnden Schlafzimmerabteilungen der großen Möbelhäuser um. Da wird ein Seniorenbett mit folgenden Worten empfohlen: *Bei Betten für Senioren, die über ein Kopfteil und ein Fußteil verfügen, fällt die Bettdecke nicht so leicht heraus. Außerdem wird einigen Menschen von einem zweiseitig begrenzten Bett ein höheres Sicherheitsgefühl vermittelt.* Als würden ältere Menschen ständig aus dem Bett fallen. Wobei mich das nachdenklich stimmt. Kann das der Grund sein, warum Betten für Senioren so viel höher sind? Nach dem Motto: »Wer aus diesem Bett stürzt, braucht sich um seine Zukunft keine Sorgen mehr zu machen.« Abgesehen davon herrscht in Seniorenheimen sowieso Überbelegung. Und da ist man dankbar über jeden freiwerdenden Platz.

Wo es früher um Design ging, geht es heute um allergenarme Matratzen und rückgratgerechte Nachtlagerung. Natürlich ist so etwas für jeden empfehlenswert. Aber mal ehrlich: Wer sich im Bett öfter mal etwas bewegt und seinen Körper in Schwung hält, der braucht doch gar keine Gesundheitsmatratze.

Die Betten in der Seniorenabteilung sehen alle schon so aus, als wollten sie einem mitteilen: Da du ja nun längst keinen Sex mehr hast, du alter Knacker, leg dir gefälligst was zu, was deinen Körper wenigstens halbwegs in Form hält. Und ich schwöre: Jedes einzelne dieser Betten ist der Tod des Eros. Schon allein deswegen, weil die Dinger so hoch sind, dass kein Mensch, der noch einen Funken Verstand hat, auf ihnen etwas anderes tun würde, als kerzengerade dazuliegen und sich möglichst nicht zu rühren. Der Sturz beim Liebesspiel wäre zweifellos tödlich. Da geht es abwärts wie im Grand Canyon.

Als Nächstes werden sie uns Alten noch ein Treppchen verkaufen, damit wir überhaupt raufkommen. Von der Optik dieser Dinger mal ganz zu schweigen. So etwas sieht man sonst nur manchmal in alten Kirchen: Auf monströsen Sarkophagen liegen Nachbildungen der Verstorbenen. Ähnlich lebhaft geht es also in »Seniorenbetten« zu. Immerhin, man kann schon mal über die Zeit danach nachdenken.

Was ganz besonders nett ist, ist der »Seniorentreff«. Eine Handvoll Leutchen, die absolut nichts Gescheites mit ihrer Zeit anzufangen wissen, finden sich zusammen, um Kräutertee zu schlürfen und an Butterkeksen zu lutschen. Bevorzugt wird das Ganze von einer rumänischen Pflegerin moderiert, die – auch wenn sie kein Deutsch kann – verständlicher spricht als der Rest der Anwesenden. Trostlosigkeit, du hast einen Namen: Seniorentreff.

Aber alles nichts gegen die »Seniorenresidenz«. Denken Sie jetzt nicht gleich an Friedhof, das wäre nicht fair. Auf dem Friedhof ist schließlich viel mehr los. In der Seniorenresidenz leben ältere Herrschaften in Zimmern mit Mondpreisen und unterirdischem Service. Aus irgendeinem mir unerfindlichen Grund soll es für die Leutchen dort erstrebenswert sein, unter lauter alten Menschen zu leben und gemeinsam auf das letzte Stündlein zu warten. Residenz, das klingt nach königlicher Wohnstatt. Den König hätte ich gerne mal gesehen, der dort einzieht.

Ist es denn nicht so, dass gerade im Alter der Kontakt zu jungen Menschen viel wertvoller ist? Das bringt Leben in die Bude, das ist für beide Seiten nützlich und lehrreich. Die Alten bleiben fitter, die Jungen werden klüger. Alle profitieren davon.

Ich bin nicht so jung, wie ich aussehe, letztens feierte ich meinen dreiundsechzigsten Geburtstag. Nichts Großes, dreiundsechzig Gäste, das ist so eine Marotte von mir, Anzahl der Gäste gleich vollendete Lebensjahre, und außerdem bin ich Hardcore-Romantiker, das heißt, ich möchte keine unpersönlichen Spenden an irgendwelche Organisationen, nur Sachgeschenke mit persönlicher, handgeschriebener Glückwunschkarte des Schenkenden. Dann lasse ich beim Auspacken den Betreffenden vortreten und kommentiere das Geschenk:

»Ah, ein Apfelkernhausausstecher, wunderschön, so einen habe ich noch nicht, der wird das Prunkstück meiner Apfelkernhausausstechersammlung. Vielen Dank mein Lieber.« Oder: »Ah, mal was anderes, eine Flasche Wein, das wird ja was ganz Besonderes sein, ein Dornfelder aus Baden-Württemberg, super, von diesem Jahr, toll, ich wusste gar nicht, dass die schon im Handel sind, da ist ja auch das Preisschild noch dran: 3,95 Euro, da fehlen mir die Worte!«

Und so kriege ich zwei Stunden spielend rum, und da ich für gewöhnlich erst um neun Uhr nach dem Essen anfange, kann ich nach der Bescherung rufen: »Letzte Bestellung!«, und das war's dann. Normalerweise.

Dieses Mal wollte ich eigentlich gar nicht feiern, ich habe ja schließlich nichts Großes geleistet, außer nicht zu sterben. Um älter zu werden, braucht man nichts weiter als Geduld. Nun hatte Wochen vorher meine Frau aber angekündigt, sie könne an meinem Geburtstag nicht da sein. Da war mir klar: Sie plant eine Überraschungsparty. Und wenn ich eins hasse, dann das. Da liegt kein Segen drauf. Ein Freund von mir hat das seiner Frau mal geglaubt, dass sie an seinem Geburtstag nicht da sein würde, hatte daraufhin beschlossen, es sich ein bisschen nett zu machen, und im Anzeigenteil der Zeitung gefunden: Junge, bildhübsche Thai verwöhnt diskret auch bei dir zu Hause. Er hatte also einen Termin gemacht, die beiden sind zugange, da taucht seine Frau auf, um ihn zu der Überraschungsparty zu holen. Er hat zwar noch versucht, was zu retten, hat gesagt: »Das ist eine Spitzenköchin aus einem thailändischen Spitzenrestaurant, die wollte exklusiv für mich hier was kochen, hat aber die Kiste mit den Zutaten vergessen, und dann haben wir überlegt, wie sie mich entschädigen könnte ...« – na ja, er ist dann allein in die Kneipe gefahren, wo die ganzen Freunde warteten, und hat denen dann erzählt, dass er ab jetzt wohl wieder Single wäre, und so wurde es dann doch noch ein richtig netter Abend. Und um das zu vermeiden, habe ich dann die Organisation selbst in die Hand genommen. Meine Frau tauchte dann kurz vor Mitternacht auf mit ihrer Überraschung: sechs riesige Torten wurden reingerollt, und meine Frau sagte: »Das ist russisch Tortelett. In einer Torte ist eine Stripperin, die anderen sind leer. Du zeigst jetzt mit dem Finger drauf, sagst zur Sicherheit auch laut die Nummer der Torte und dann lassen wir uns einfach überraschen.«

Das habe ich dann gemacht, habe auf die Vier gezeigt und gerufen: »Nummer vier.« Und das Tortenoberteil wurde abgenommen und eine wunderschöne Frau entstieg der Torte. Wunderschön in dem Sinne, dass sie das vielleicht mal war, jetzt war sie dreiundsechzig, also mein Alter. »Das wäre ja der Gag«, wie meine Frau betonte, und dann begann die Stripveteranin mit ihrer reichlich arthritischen Darbietung. Nachdem sie sich entblättert hatte und alle nicht mehr wussten, wo sie hingucken sollten, setzte sie sich auf meinen Schoß, und ich musste ihr den welken Arsch mit Babyöl einreiben, dabei habe ich mir natürlich die ganze Hose versaut. Natürlich wurde der ganze Vorgang auf Video aufgezeichnet. Ich habe meine Frau dann später gefragt: »Woher wusstest du, dass ich die vierte Torte wählen würde?«

Sie meinte: »Du Dummchen, es war natürlich in jeder Torte eine ältere Dame versteckt, das war ein ganz schön teurer Spaß.« Seitdem überlege ich, was ich ihr an ihrem Geburtstag antun kann. Gibt es bei den Chippendales überhaupt eine Seniorenabteilung? Und wenn nicht, hat jemand eine andere Idee? Bitte melden.

Christine Westermann

Der Dirigent Pierre Monteux war 38 Jahre alt, als er über Nacht weltberühmt wurde. Im Mai 1913 hatte in Paris »Le sacre du Printemps« Premiere, ein Ballett, zu dem Igor Strawinsky die Musik geschrieben hatte, Monteux war der Dirigent. Das Pariser Publikum war ungnädig, fing schon nach wenigen Minuten an zu pfeifen, laut zu lachen, zu buhen, zu johlen und war auch nicht gewillt, damit aufzuhören. Die Premiere schien zu kippen, der Abbruch drohte. Pierre Monteux ließ sich nicht beirren, blieb völlig ruhig, hatte sein Orchester perfekt im Griff und brachte trotz Riesentumult das Stück mit heiterer Gelassenheit zu seinem vorgesehenen Ende. Fortan galt Monteux als einer der Großen seines Fachs, war in renommierten Konzerthäusern weltweit ein gefragter Mann.

Der Künstler war eher klein gewachsen, und als er älter wurde und vielleicht deswegen noch ein Stückchen seiner ursprünglichen Länge verloren hatte, schlief er in den Konzertpausen schon mal gern in der Vertiefung seines Kontrabasses. Dort in die Mulde geschmiegt, ruhte er sich aus, er scheute den langen Weg vom Podium in die Künstlergarderobe und zurück.

Monteux war zeitlebens ein quirliger, vergnügter, arbeitsverrückter Mann. Als er 85 war, bot man ihm an einem bekannten Opernhaus noch einmal einen Vertrag über ein zeitlich befristetes Dirigat an. Bei den Verhandlungen verlangte Monteux einen Zehn-Jahres-Vertrag.

»Zehn Jahre?«, fragte die Direktion entgeistert zurück.

»Ja«, sagte der Dirigent unbeeindruckt, zwanzig Jahre seien ihm zu viel. So lange wolle er sich nun wirklich mit 85 nicht mehr binden.

Es geht noch was. Immer.

Senioren haben keine Zeit. Das hört sich verrückt an. Ist aber so. Berufstätige haben ihre gesetzlichen Arbeitspausen, ihren Feierabend, das freie Wochenende, den garantierten Jahresurlaub – Rentner haben nichts davon. Sie müssen ständig mit Terminproblemen kämpfen. Zwar sind auch Schüler und Hartz IV-Empfänger von Zeitnot betroffen, wie Mitarbeiter der Gesundheitsbranche glaubhaft versichern. Aber die Zeitnot von Senioren ist extrem.

Die senile Bettflucht treibt viele Senioren schon ganz früh aus den Federn, um sechs Uhr wird gefrühstückt, und dann will Senior Termine mit Arzt oder Physiotherapeutin machen. Wenn Senior um sieben Uhr morgens keinen Termin kriegt, ist ihm schon sein ganzer Tag vergällt. Glücklicherweise leidet auch der treue vierbeinige Gefährte der Senioren an seniler Korbflucht. Also heißt es Gassi gehen.

Der Vormittag ist mit Arztbesuchen, Krankengymnastik/Massage/Lymphdrainage/Fußpflege ausgefüllt. Nach dem Mittagessen um zwölf/halb eins ist ausreichend Zeit für den Mittagsschlaf einzuplanen. Damit verbunden ist eine schwierige Entscheidung. Schaut man sich um 14:10 Uhr *Rote Rosen* (ARD) an oder verschiebt man es auf den nächsten Morgen um 9:05 Uhr? Also Mittagsschlaf, damit man um 15:10 Uhr wach und aufnahmefähig ist, wenn der *Sturm der Liebe* (ARD) durch das Fernsehen fegt. Anschließend ist Kaffeetrinken angesagt. Senioren, die diese beiden Serien als wahre *afficionados* genussvoll auskosten wollen, schalten natürlich zuerst am Nachmittag und dann am folgenden Morgen den Fernseher ein: Zweimal schauen macht dreifach Freude, wie der Volksmund sagt. Problem: Wer die *Rosen* und den *Sturm* zweimal sehen will, muss zusätzliche Fenster im knappen Zeitbudget öffnen.

Wo bleibt da noch Zeit, um mit Nachbarn ein Schwätzchen zu halten oder in die Bürgersprechstunde zu gehen, um sich über ungepflegte städtische Blumenbeete zu beschweren? Und dann sind da ja noch die familiären Zeiträuber, die eigenen Kinder, die als Rabeneltern ihre Sprösslinge den Omas und Opas zur Bespaßung aufs Auge drücken – in völliger Unkenntnis der Tatsache, dass die Zeitknappheit der Omas und Opas viel gravierender ist als die der berufstätigen Eltern.

Wenn in unserer eigentlich friedlichen und beschaulichen Gesellschaft jemand Grund zum Burn-out hat, dann sind es die stressgeplagten Senioren, die sich ständig zwischen der Pest anstrengender Fernreisen zu Wasser, zu Lande oder in der Luft und der Cholera täglichen häuslichen und familiären Zeitdrucks entscheiden müssen.

Sabine Bode
FÜR IMMER 39: WIE DIE WERBUNG UNS FRAUEN VERARSCHT

Du weißt, dass du älter wirst, wenn du merkst: »Oh Gott, die Frau, die in der Werbung sagt: ›Ich lache, ich niese, ich piss mir in die Buxe!‹ ist ja in meinem Alter!«

Das mit der Buxe sagt sie natürlich nicht, sondern »Ich habe Blasenschwäche«. Was ja aufs Gleiche hinausläuft, und zwar im wahrsten Sinne des Wortes. Aber diese ständigen Euphemismen sind der beste Beweis, dass man jetzt schon mit Ende 40 in das Alter kommt, wo andere genau überlegen, was sie zu einem sagen und vor allem, wie. Der Optimierungstrend ist ja schon an sich eine Seuche: Wir sagen »Rückbau« statt »Abriss«, »Stuhl« statt »Kacke« und »verhaltensoriginell« statt »balla-balla«.

Die Werbung treibt die Verschleierungstaktik aber auf die Spitze, vor allem bei der Generation *Granufink*. Ich sage nur: »Blähbauch«. Für mich das Unwort des Jahres. Blähbauch, was für eine Beschönigung! Früher gab es das Wort nicht, da hieß es: »Mensch, Inge, ich kann nicht kacken!«

Irreführend auch der Slogan *»Plantur 39 – für das Haar ab 40!«* Wenn ich 40 bin, wieso soll ich mir dann

Plantur 39 kaufen? Das Shampoo mit Spülung und eingebauter Dyskalkulie, oder wie?

Ich finde, die Werbung muss die Dinge beim Namen nennen: Warum heißt wohl sonst das meistgekaufte Klopapier *Happy End?*

Früher, in der guten alten Werbezeit, da wurde noch Tacheles geredet. Da hat die *Ariel*-Klementine immer zwei karierte Geschirrtücher gehabt, und was klebte da dran? Ei, Blut, Kakao! Ja, das konnte man sich vorstellen! Ein Eindruck aus dem netten Psychopathenhaushalt von nebenan! Mal eben die minderjährige Geliebte um die Ecke bringen, die hat noch ein bisschen Rührei und Kakao am Lätzchen, aber auch die 30 Liter Blut kriegt *Ariel* rucki-zucki wieder raus!

Früher war die Werbung noch einfach und deutlich: 30, 60 oder 95 Grad, nix *Soft Satin Pearls For Sensitive Skin.* Da waren die Botschaften noch »no fuzz«. Es gab etwa tatsächlich die Zeile »Komm ich morgens ins Bad, ist die Welt noch fad, ich brauch mein Creeedo!« *Credo,* das ist übrigens Latein und heißt »ich glaube«. Damals hat man seinen Frischezustand noch mit einem dezenten

Riecher im Achselbereich bestimmt: »Schnief, schnief – och, ich glaub, es geht noch!« Ja, in den 70ern, da haben wir die Dinge noch beim Namen genannt. Ich sage nur: »*Banner bannt Körpergeruch!*« Da brauchte man keine blaue »Ersatzflüssigkeit«. Da schwitzte man noch große nasse Flecken in die Polyacrylhemden! »Körpergeruch«, allein das Wort wäre heute tabu! Und es wird immer schlimmer: Neulich las ich in der *Freundin* eine Anzeige mit der Überschrift: »Schwangerschaft, Minipille oder Stress – es gibt viele Ursachen für Scheidentrockenheit«. Das Verstörende an der Anzeige für eine Salbe namens *Vagisan* war nicht das völlige Fehlen jeglicher Bebilderung, sondern ein kleiner Coupon zum Ausschneiden unten rechts, auf dem stand: »Intimer Kauf ohne Worte. Ihre Apotheke erwartet Sie gern mit diesem Coupon. Apotheker und Apothekerinnen wissen dann, was Sie kaufen möchten.«

Immer diese Verschämtheit! In den 70ern hätten wir uns eine drei Meter lange Tube *Vagisan* untern Arm geklemmt, wären damit durch den Park gejoggt, und dazu hätten wir zur gleichen Melodie wie für *Wrigleys Spearmint Gum* gesungen: »*Jucktett dir im Schritt, Schritt, Schritt, Vagisan muss mit, mit, mit!*« Aber jetzt im Ernst, stellt euch mal vor, ihr steht so in der Schlange beim Apotheker, und vor euch wird eine Frau gefragt:

»Bitte schön, die Dame, was darf's sein?« Woraufhin diese erst nach rechts und nach links guckt und ihm dann diesen Zettel rüberschiebt, der so gar nicht nach einem handelsüblichen Rezept aussieht. Der Apotheker geht daraufhin wortlos ins Lager. In so einem Moment würde ich denken: *»Scheiße, Überfall! Die Frau ist tablettensüchtig und will ihre Beruhigungsmittel hier unentgeltlich mitnehmen!«* Gut, wenn dann der Apotheker rauskommt und posaunt: »So, Frau Kleinmüller, hier ist Ihre Salbe gegen Scheidentrockenheit, bitte dreimal täglich dick auf die bröckelnden Stellen auftragen!«

Kurz, Mittelalter-Frauen werden verarscht, wo es nur geht. Wenn sie denn überhaupt vorkommen in der Werbung. Denn bis auf eine bis zur Unkenntlichkeit weichgezeichnete Jane Fonda sieht man die Generation 50 plus hier kaum. Und das, obwohl bis zum Jahr 2050 der Anteil der sogenannten Best Ager (Euphemismus für Tattergreise) unter den Deutschen auf 50 Prozent anwachsen wird und sie mehr als 60 Prozent des verfügbaren Vermögens in ihren mit Produkten »für die anspruchsvolle Haut« übercremten Händen halten. Dabei brauchen wir doch so viel! Lesebrillenetuiaufbewahrungskörbchen, Stützstrumpfsortiersysteme und Rucksäcke, aus denen wir jederzeit bei Wanderungen wie von Zauberhand Gelenksalben von günstigen

Pharmaherstellern hervorholen können. Beworben wird aber weiterhin die Generation Praktikum, bei der man sich fragt: Von welchem Geld kaufen die sich eigentlich alle zwei Monate ein neues Smartphone, und das mit Verträgen, die ihnen immer gleich das neueste Gerät zusichern, sobald das aktuelle veraltet ist (also alle drei Tage)?

Immerhin ein kleiner Trost: Die Jüngeren werden genauso verarscht. Nehmen wir nur diese verzweifelte Frau, die unbedingt »Zähne putzen will wie ein Zahnarzt!« – *warum?* Der putzt doch auch nur mit Wasser! Ich möchte mir nicht die Zähne putzen wie ein Zahnarzt, ich möchte *verdienen* wie ein Zahnarzt. Warum sollen Zahnärzte sich besser die Zähne putzen als Fliesenleger? Ich meine, Frisörinnen schneiden sich ja auch selbst nicht gut die Haare, was jeder Besuch in jungen, hippen Salons beweist (»Einmal waschen und föhnen, bitte« – »Entschuldigung, Sie sprechen gerade mit unserem Frisierkopf!«).

Ich backe übrigens mein Brot selbst, aber nicht, weil ich backen will wie ein Bäcker (»Yay! Endlich auch mal

Mehl nehmen, das mit Hunderten nicht deklarierpflichtigen Inhaltsstoffen versehen ist und den Hefeteig nur 30 Minuten statt sechs Stunden gehen lassen, damit das Gluten in meinem Darm so richtig Samba tanzen kann.«), sondern weil ich gutes Brot will.

Bedenklich auch das Frauenbild, das ebenfalls wieder auf die Jüngeren ausgekippt wird, die sich stets gut gelaunt durch die Bäder cremen und durch die Küchen putzen. Wie diese junge lächelnde Mutti am Rande des Nervenzusammenbruchs im aktuellen Kinder-Pingui-TV-Werbespot. Zur Melodie von »Walk Like An Egyptian« hat hier ein Werbetexter wahre Pop-Poesie geschaffen: »Jeden Tag im Job/dann nach Haus/der Trockner lief von unten raus/Lass mir nicht meine gute Laune nehmen/Gehen wie ein Pinguin.«

Genau. So hätte uns die Gesellschaft gern. Berufstätige Muttis, die sich von auslaufenden Trocknern nicht die Supi-Laune nehmen lassen und nicht zu diesen hysterischen »Ich hätte so gern ein Burnout, aber da habe ich keine Zeit für!«-Schnepfen mutieren, sondern sich erst mal unter den Blicken der noch spießigeren Nachbarn einen überzuckerten Snack reinpfeifen, und das zu Gaga-Lyrics, bei denen man sich fragt: Seit wann textet Philipp Amthor eigentlich Werbesongs? Und wann springt Oliver Kalkofe als Klementine im Pinguinkostüm ins Bild? Dieses Leben ist doch auch nicht viel erstrebenswerter als das, was in den 50er-Jahre-Werbefilmchen propagiert wurde. Der heute unfassbar erscheinende Spot für *Frauengold* etwa: Darin will eine übelst prämenstruierende Sekretärin erst erbost kündigen, säuselt aber nach einem Gläschen 16-prozentigem Tippsen-Likör versöhnlich: »Es war mein Fehler, Herr Direktor! Ich hatte nicht aufgepasst und möchte mich dafür entschuldigen!« Oder die *Dr.-Oetker-Werbung* mit Frau Renate: »Eine Frau hat zwei Lebensfragen: Was soll ich anziehen, und was soll ich kochen?« Scheint überholt?

Klar. Heute hat eine Frau natürlich nur eine Lebensfrage: Was soll der Scheiß? Nur hat die Werbung das noch nicht begriffen.

Deshalb, merkt euch, liebe Werbefuzzis: Junge Muttis haben keinen Spaß, wenn der Trockner ausläuft. Sie sind zu Recht genervt, und das kann auch kein pseudogesunder Schokoriegel vermeiden. Und ältere Frauen wollen nicht nur von einer Frau mit lilaersatzflüssigkeitsfarbener Bluse angesprochen werden, die fröhlich faselt: »Ich weiß, dass ich eine Einlage trage, aber niemand merkt es«, und dabei eine drei Meter lange Federkernmatratze vorführt, die bei der Radtour um den See überhaupt nicht zu spüren ist.

Wenn ihr Produkte entwickeln wollt, die unsere Lebenswirklichkeit spiegeln, dann bringt doch mal sinnvolle Dinge auf den Markt. Zum Beispiel die »Working Mum Barbie«. Die hätte im Gegensatz zur normalen Barbie nur ein Bein. Das andere hat sie sich schon ausgerissen. Und sie würde mit einem dicken schwarzen Permanentmarker geliefert, mit dem man ihr fette Ringe unter die Augen malen kann. Also, ich würd' sie kaufen.

Oder lasst einfach im nächsten TV-Spot von *L'Oreal* nicht schon wieder Heike Makatsch flüstern: »Graue Haare? Welche grauen Haare?« Ich jedenfalls würde mich viel eher angesprochen fühlen, wenn hier eine Frau um die 50, die nicht aussieht wie 30, fragt: »Haare? Welche Haare?«

Renate Bergmann
ÄRZTE

Ab einem gewissen Alter muss man regelmäßig zum Arzt, auch wenn man gar nicht krank ist. Das ist so, fragense mich nich, warum.

Bis ich 60 wurde, hatte ich nie was. Auf mich konnte man sich immer verlassen, ich war nie krank. Im Winter hatte ich mal Schnupfen, jawoll, aber deshalb rennt man ja nicht gleich zum Arzt. Da habe ich meine Hausmittelchen: Halswickel, Zwiebelsaft, immer vitaminreiche Kost und bei Fieber Wadenwickel. Wenn wirklich nichts mehr hilft, hilft immer die Hühnersuppe nach Tante Metas Rezept. Da kommt ein Spritzer Zitrone mit rein und eine Knoblauchzehe, das ist das Geheimnis.

Als ich in Rente gegangen bin, hieß es von allen Seiten: »Renate, lass dich mal richtig durchschecken. Du hast doch jetzt Zeit. Geh mal zum Arzt.« Ich bin dann zu Frau Doktor Bürgel. Sie hat Blut abgenommen und mir etliche Überweisungen zu Fachärzten mitgegeben. Erst dachte ich, ich wäre schwer krank und hätte die ganzen Sachen, die Frau Doktor untersuchen lassen wollte, wirklich. Erst im Laufe der Zeit habe ich das System durchschaut: Die allgemeinen Ärzte sitzen nur hinter ihrem Computer und schreiben Pillen für den Blutdruck auf. Bei allen anderen Beschwerden muss man zu einem Kollegen, der sich Facharzt nennt. Ich hatte Überweisungen zum Augenarzt, zum Orthopäden, zum Internisten, zum Hautarzt und zum Urologen. Mit dem Urologen hatte sich Frau Doktor vertan, da sollte ich gar nicht hin. Beim Augenarzt habe ich antelefoniert, um einen Termin zu machen. Die Schwester wollte, dass ich dienstags komme. Dienstag. Das war mir gar nicht recht. Wissense, wenn schon, dann gehe ich freitags zum Arzt.

Dann ist die neue BUNTE schon raus. Der Hautarzt war nicht sehr charmant, meine Leberflecken nannte er Altersflecken. Dafür habe ich ihm gesagt, dass er aus dem Mund riecht ... Der Internist konnte die Schrift auf der Überweisung nicht lesen und wusste gar nicht, was er untersuchen soll. Er nahm dann Blut ab. Blut abnehmen ist ja immer so eine Sache, weil ich so zähe und harte Venen habe. Ich bin eine richtig vertrocknete Rosine, ja, so muss man das wohl sehen. Im Sommer ist das ein Vorteil: Vor den Mücken habe ich Ruhe. Bei den ganzen Untersuchungen kam dann letztendlich raus, dass ich Ossiporose habe, ein bisschen hohen Blutdruck und Altersdiabetes im Anfangsstadium. Keine schlimmen Sachen. Ossiporose haben fast alle Frauen in meinem Alter, und für den Blutdruck nehme ich Tabletten. Beim Zucker muss man ein bisschen auf die Ernährung achten, vor dem Essen eine kleine Tablette nehmen und hin und wieder einen Korn.

Letzteres sagt Ihnen aber kein Doktor, da müssen Sie allein drauf kommen. Hihi. So bin ich in die Fänge der Medizin geraten und muss nun alle vier oder sechs Wochen zu Frau Doktor, je nachdem, wie das Quartal fällt und ob sie noch Umsatz braucht oder ihr Büdschee schon alle ist. Sie misst Blutdruck, die Zuckerwerte und schreibt ab und an neue Tabletten auf, wenn die AOK wieder was geändert hat. Erst hatte ich blaue, zweimal eine vor dem Essen. Dann eine Zeitlang kleine weiße, dreimal eine. Seit zwei Jahren sind sie jetzt gelb, wieder nur zweimal eine. Frau Doktor sagt, das soll so. Alle viertel Jahr nehmen wir Blut ab, und ich muss Urin in kleinen Röhrchen ... aber das kennen Sie bestimmt. Frau Doktor ist ganz zufrieden. Beim Essen habe ich noch nie über die Stränge geschlagen. Wissense, ich habe deswegen auch keine Probleme mit der Figur. Seit 1948 trage ich die gleiche Kleidergröße, immer die 38. Das ist aber kein Geschenk, ich muss auch ein bisschen was dafür tun. Mich werden Sie nie im Fahrstuhl sehen

– ich nehme immer die Treppen, auch wenn es mittlerweile ein bisschen dauert, aber wer rastet, der rostet. Ich esse früh zu Abend, meist nur Schnitten. Wenn ich zweimal am Tag warm essen würde, ja, dann würde ich bestimmt auch aus dem Leim gehen wie Gertrud oder die Berber. Nach dem Abendbrot lege ich dann die Zähne ins Glas. Sonst nascht man nur.

Ich gehe gerne früh zum Dokter. – Schwester Sabine schimpft immer. Sie sagt, morgens sind erst die Patienten ohne Termin dran, die plötzlich krank geworden sind und Hilfe benötigen. Sie gibt mir nie einen Termin vor 11, ich gehe aber trotzdem schon zeitig hin. Der Hausmeister schließt mir das Wartezimmer auf. Den kenne ich, der ist mit Kirsten in eine Klasse gegangen. Er ist meist schon um halb sieben da. Aber Schwester Sabine, das sture Ding, nimmt und nimmt mich nicht früher dran. Dabei versuche ich, extra leidend zu gucken. Aber das junge Dingelchen sagt nur: »Frau Bergmann, Sie müssen nicht jedem Patienten erzählen, dass ich sie hier ›braten lasse‹. Deshalb nehme ich Sie doch nicht vor.« Mir bleibt da jedes Mal die Spucke weg. Mit Schwester Hillburg komme ich viel besser aus. Der stecke ich im Advent ein Päckchen Krönung zu und ein Glas von Ilses Mehrfruchtmarmelade, dann läuft das wie geschmiert. Jetzt gucke ich immer, dass ich einen

Termin bekomme, wenn Schwester Hillburg Früh-
dienst hat.

Die Meiser hat neulich auch Theater gemacht, weil
ich morgens um halb fünf gebadet habe. Aber man
kann doch nicht ungewaschen zum Doktor! Daran können Sie schon sehen, dass sie ein bisschen liederlich ist.
Sie werden eine Renate Bergmann nie ungebadet beim
Doktor sehen, so weit kommt es noch. Ich mache immer
große Toilette vorher, das gehört sich so. Selbstver-
ständlich auch saubere Wäsche. Ich habe Hemdchen,
BH und Miederhose in einem ganz blassen Rosa, die
ziehe ich nur für Frau Doktor an. Das muss schon sein.
Sonst redet man noch!

Ich sach immer: Man muss zusehen, dass man den
Ärzten aus dem Weg geht. Wenn die einen erst einmal
unter ihren Fittichen haben, kommt nichts Gutes dabei
raus. Frau Weber zum Beispiel. Frau Weber ist eine ehemalige Kollegin von Ilse. Ilse hat Englisch und Deutsch
gegeben, Frau Weber Sport und Geographie. Ob sie sich
beim Geräteturnen verausgabt hat oder ob es einfach
das Alter war, weiß keiner so genau, aber sie hatte Probleme mit der Hüfte, gerade wenn das Wetter umschlug.
Irgendwann fing Frau Dr. Bürgel mit dem Untersuchen
und Röntgen an, schrieb eine Überweisung zum Orthopäden aus und ach, hören Sie mir auf. Auf jeden Fall

sollte operiert werden. Frau Weber hatte solche Angst! Zwei Tage vor der OP musste sie ins Krankenhaus wegen Blutabnehmen und Voruntersuchungen. Da haben Ilse und ich sie besucht. Frau Weber fürchtete sich vor dem Doktor, weil er so schielte. Sie machte sich Sorgen, ob er wohl die richtige Hüfte operieren würde und nicht den Blinddarm rausschneidet, aus Versehen. Außerdem sollte sie unterschreiben, dass sie selbst für die Schäden an ihrem Gebiss aufkommt. Ilse und ich haben beide nicht verstanden, wie bei einer Hüftoperation das Gebiss zu Schaden kommen kann. Na, das war aber ein Fall für Renate Bergmann. Ilse und ich, wir fragten uns über die Stationsschwester zur Oberschwester zum Assistenzarzt bis hin zum schielenden Hüftdoktor durch.

Es war wirklich schlimm: Er sprach mit mir und schaute Ilse an. Wenn er mit Ilse sprach, guckte er auf den Feuerlöscher. Er sagte, Frau Weber würde intubiert. Sie würde also eine Maulsperre und Schläuche in den Mund ... nee, man mag sich das gar nicht vorstellen. Es kam, wie es kommen musste. Frau Weber hat die Teilprothese rausgelegt, aber die Schneidezähne waren noch echt.

Beim Eindrücken des Tubus haben sie ihr einen Schneidezahn abgebrochen und sie hatte monatelang Rennereien, bis das wieder in Ordnung kam. Und rennense mal mit 'ner frisch operierten Hüfte, das geht ja nicht. Sie musste gleich zur Reha. Sie konnte kaum essen, nahm in drei Wochen an die 15 Pfund ab, sodass ihr keine Kleider mehr passten. Zahlt Ihnen ja keine Versicherung, nich. Weder den Eigenanteil noch die neuen Kleider. Sie hatte schließlich unterschrieben. Nur Ärger mit den Ärzten! Ich sach immer: »Esst mäßig, bewegt euch regelmäßig und trinkt ab und an einen Korn.«

Im letzten Urlaub waren wir wandern auf La Palma. Eine großartige Insel. Für jeden Wanderfreund ein Volltreffer. Moment, ehe ich weitermache und zum Kern dieses Kapitels komme, muss ich ein bisschen was zum Wort »wandern« sagen. Es klingt ziemlich blöd und spießig, vor allem in Kombinationen wie »Wanderfreunde«, »Wanderlieder«, »Wanderführer« oder »Wanderniere«. Aber es gibt leider kein anderes Wort in der deutschen Sprache, das das sportliche Gehen in der Natur angemessen umschreibt. Oder wissen Sie eines? Das englische »to hike« wäre eine Ausweichmöglichkeit. Das klingt aber bemüht cool und irgendwie auch doof: »Leute, wir waren neulich auf La Palma hiken. War echt klasse.«

Geht nicht, oder?

Nee, man muss leider »wandern« sagen, und das will ich jetzt auch weiter tun.

Also ich finde, das Wandern ist eine ganz großartige Sache für alte Säcke und ihre Gattinnen.

Man sieht atemberaubende Landschaften, hat größtenteils seine Ruhe, hält sich fit und kommt bei guten, ausgiebigen Touren in eine Art Flow, der einen beinahe beseelt ins Ferienquartier zurück schweben lässt. Klar, oft ist das anstrengend, aber so soll das ja auch sein. Man kann sich ja schließlich nicht mit dem Bus zu einem Wasserfall irgendwo in den Bergen fahren lassen. Und wenn das geht, ist das da so überfüllt, dass man weinen möchte.

Also, wir sind da auf La Palma gewandert. Nach etwa einer Woche fühlten meine Frau und ich uns schon ziemlich fit und machten immer längere und exotischere Touren. Bei einer durch eine Art Urwald war ein Höhenunterschied von fünfhundert Metern zu bewältigen. Es ging mächtig steil einen steinigen Pfad hinauf. Anfangs ging es noch, aber dann, so nach zehn Minuten, kam ich nicht mehr so richtig mit. Die Beine waren wie Blei. Ich schwitzte. Der Atem ging kurz und röchelig. Ich wurde langsamer. Auch meine Frau war nicht mehr so dynamisch wie am Anfang. Wie zwei Soldaten auf dem Rückzug nach einer verlustreichen Schlacht schleppten wir uns zu der angeblich so traumhaften Aussichtsplattform weiter oben – viel weiter oben. Ein Schritt nach dem anderen. Es wird schon irgendwie gehen. Wasser. Ich will Wasser.

Dann ertönte hinter uns ein Pfeifen!

Es war ein Lied. Jemand pfiff »Raindrops keep falling on my head«. Ich sah mich um und sah zwei Gestalten zügig näherkommen. Na ja, dachte ich. Wahrscheinlich zwei junge Bergsteiger. Um die zwanzig. Knackig und fit wie Mungo – und schleppte mich weiter.

Das Pfeifen kam näher.

Komisch, dachte ich. Dass junge Leute so einen alten Gassenhauer pfeifen ...

Dann waren sie direkt hinter uns.

»'tschuldigung«, ertönte eine feste, befehlsgewohnte Stimme. Man wollte also, dass wir zur Seite traten und Platz machten.

Das taten wir dann auch.

Und an uns vorbei eilte ein rüstiges Rentnerpaar. Mindestens siebzig. Mit stahlharten Waden, ruhigem Atem, grauem Haar und lustigen Lachfalten – all over their faces!

Es war so demütigend.

Wir – fünfzig und vierundvierzig Jahre alt – standen da, keuchend. Mit zittrigen Beinen und sahen rund zwanzig Jahre ältere Menschen zügig davonziehen. Schon nach wenigen Minuten waren sie nur noch eine undeutliche Silhouette in der Ferne.

»Ich brauche einen Zivi«, stöhnte ich und fiel in mich zusammen.

Das war zu viel. Es hätte nur noch gefehlt, dass auch noch Jopi Heesters trällernd an uns vorbeigroovt und dabei »Ich werde hundert Jahre« trällert.

Tja, und was heißt das jetzt?

Dass wir alle schlaff, alt und voll ungeil sind?

Nein, eigentlich will ich Ihnen und mir nur Mut machen. Später nämlich traf ich die Rentner oben auf dem Berg wieder und verwickelte sie in ein Gespräch. Ich beschloss, ehrlich zu sein, und gestand meine Gefühle von Scham und Wut.

»Grämen Sie sich nicht, junger Mann«, sprach der agile Altvordere und legte mir seine braungebrannte, wenngleich etwas faltige Hand auf die Schulter.

Und dann erzählte er mir, dass er selber mit fünfzig ebenso »fertig und untrainiert« gewesen sei wie ich. Ich überlegte kurz, ob ich ihm ob dieser drastisch formulierten Unverschämtheit eine in seine Best-Ager-Visage semmeln sollte, aber dann besann ich mich und beschloss, dem alten Herrn weiter zuzuhören. Also er erzählte, dass er mit dreiundsechzig Jahren frühzeitig in Rente gegangen sei und dann angefangen habe, zu wandern. Immer wieder, immer öfter. Und schließlich seien er und die Gattin immer fitter geworden.

Bergauf, bergab – immer an der frischen Luft. Solide Ernährung, da blühe man auf. Das gäbe ordentlich »Tinte auf den Füller«, was immer der joviale Greis damit auch meinte.

Ausgedehnte Fahrradtouren würden sie übrigens auch noch machen. Das hat mich am Ende dann doch sehr getröstet. Also, dass man es mit der nötigen Disziplin auch in fortgeschrittenem Alter Jüngeren noch zeigen kann. Ausreichend Zeit, ein paar finanzielle Rücklagen, gutes Schuhwerk, Kartenmaterial und eine gleichgesinnte Partnerin – und in fünfzehn Jahren würde ich beim Wandern auf La Palma auch Typen abhängen, die glauben, sie hätten's voll drauf mit dem Hiken.

Platz da, ihr Luschen, Opa Schlenz kommt!

»Rosa, wir müssen reden.« Er sah ernst aus und auf seiner Stirn kräuselten sich Sorgenfalten. »Das, was ich dir jetzt sage, wird dir nicht gefallen, aber ich habe einen Entschluss gefasst.« Er machte eine kurze Pause. »Rosa, ich will wieder anfangen zu arbeiten. Ich habe gemerkt, dass der Ruhestand einfach noch zu früh für mich kommt. Ich gehöre in die Firma, das ist mir inzwischen klar geworden. Immer nur nichts tun, das ist nichts für mich. Ich habe noch zu viel Energie, ich will noch viele Projekte verwirklichen. Am 1. Mai geht es wieder los, ich habe schon alles eingetütet. Der Betrieb nimmt mich wieder auf. Was sagst du?«

Ich war sprachlos. Konnte mich nicht erinnern, wann Günther zuletzt so viele Sätze auf einmal gesagt hatte. Und natürlich musste ich diese frohe Nachricht erst einmal verarbeiten. Günther wollte wieder arbeiten! Mein Herz machte einen Sprung. Das war ja wunderbar! Natürlich durfte ich mir die Freude nicht anmerken lassen. Ich versuchte, die Fassung zu bewahren, und sagte möglichst traurig: »Ach Günther, du musst tun, was du für richtig hältst.« Obwohl ich juchzen wollte vor Freude, zog ich meine Mundwinkel nach unten und guckte möglichst betreten auf den Tisch.

Günther allerdings lachte plötzlich laut auf und rief: »April, April!«

Ich starrte Günther mit offenem Mund an. »Mensch Rosa, da habe ich dich aber reingelegt, was?« Prustend verließ Günther die Küche und ich hörte ihn noch immer lachen, als er im Wohnzimmer den Fernseher anmachte.

Danach war der Tag für mich gelaufen. Wie konnte er nur so mit meinen Gefühlen spielen? Versuchte bis zum Abend krampfhaft, mir einen ebenbürtigen Aprilscherz zu überlegen. Dummerweise war ich völlig gelähmt. Hatte mich schon so über die goldenen Aussichten gefreut, dass ich zu keinem klaren Gedanken fähig war. So mussten sich Leute fühlen, die für einen kurzen Moment glauben, sechs Richtige im Lotto zu haben – um dann festzustellen, dass sie sich in der Ziehung vertan hatten.

Während Günther die Tagesschau sah, griff ich zu einem reinen Verzweiflungsscherz. »Günther, es hat an der Tür geklingelt. Gehst du mal bitte hin?«, rief ich ihm aus der Küche zu.

Günther ging tatsächlich zur Haustür, kam eine Minute später in die Küche, sagte gleichgültig: »Da war niemand«, und ich antwortete lustlos: »April, April.«

Das demütigende Ende eines aufwühlenden Tages.

Beim Frühstück sagt Günther: »Ich will heute mal einen ruhigen Tag ganz alleine verbringen.« Will keine Diskussion anzetteln, obwohl ich allen Grund dazu hätte. Hallo? Einen Tag ganz alleine verbringen? Das klingt ja gerade so, als ob ich ihn ansonsten zwinge, mir 24 Stunden nicht von der Seite zu weichen! Aber nein, ich sage nichts (bin sowieso noch beleidigt wegen des Aprilscherzes), sondern nicke nur wortlos. Günther verschwindet daraufhin in seinem Arbeitszimmer und ich rufe Ute an.

Habe den halben Tag mit Ute im Café gesessen. Sie ist einfach ein Schatz. Wenn ich sie anrufe, meldet sie sich neuerdings nicht mehr mit Namen (sie sieht auf dem Display ja auch, dass ich anrufe), sondern fragt nur: »Günther?« In achtzig Prozent der Fälle rufe ich tatsächlich wegen Günther an und schütte mein Herz bei ihr aus. Meistens sitzen wir kurze Zeit später im Café und besprechen die Lage bei einem Kännchen Kaffee und einem Stück Torte. Großer Gott, wenn ich mir vorstelle, dass Günther regelmäßig einen Freund anruft und sich »Rosa« als Kennwort für Problemgespräche eingebürgert hat, bekomme ich ein schlechtes Gewissen. Aber nun, was soll ich machen? Günther ist ja schließlich derjenige, der unsere Welt komplett durcheinandergebracht hat.

Zurück zum Café. Ich saß mit Ute heute wieder an unserem Lieblingsplatz (hinten rechts in der Ecke, sodass wir unsere Ruhe haben und trotzdem den ganzen Raum überblicken können). Während wir ein Stück Mandarinen-Schmand-Torte aßen, fühlte ich mich gleich viel besser. Wahrscheinlich werde ich in ein paar Jahren 15 Kilo mehr wiegen und auf die Frage, warum ich aufgegangen bin wie ein Sahnebaiser, nur seufzend erklären: »Ach, wissen Sie, mein Mann ist in Rente gegangen.«

Während ich darüber nachdachte, dass ich mir auf jeden Fall noch eine bessere Begründung überlegen muss (plötzliches Drüsenproblem vielleicht?), fragte Ute stirnrunzelnd: »Und Günther wollte heute also mal einen Tag alleine verbringen?«

»Genau das waren seine Worte. Er ist dann in sein Arbeitszimmer gegangen und ward nicht mehr gesehen. Noch nicht einmal, als ich losgefahren bin, ist er wieder rausgekommen. Was er jetzt wohl gerade treibt?«

Ute zuckte ratlos mit den Schultern. »Vielleicht bereitet er eine Überraschung für dich vor. Könnte doch sein, dass das Arbeitszimmer neu tapeziert ist, wenn du nach Hause kommst.«

Ute und ich schwiegen für einen Moment und ließen diese Möglichkeit sacken. Dann aber schüttelten wir beide den Kopf. Ein tapezierender Günther wäre zwar schön, aber ehrlicherweise so wahrscheinlich wie die Entdeckung eines neuen Sonnensystems in den nächsten 24 Stunden.

»Wenn man es nicht besser wüsste, könnte man denken, dass Günther eine Affäre hat«, sagte Ute plötzlich.

»Affäre???«

»Na ja, ich glaube, dass in neunzig Prozent aller Fälle, in denen ein Mann fremdgeht, er ein solches Treffen mit genau diesem Satz einleitet: ›Ich will mal einen Tag alleine verbringen.‹« Ute erzählte von ihrer Nichte Katja, die schon mit ihrem Freund Thomas Heiratspläne schmiedete, als dieser sich immer mehr zurückzog. »Der faselte auch ständig was davon, dass er Zeit alleine verbringen wollte und mehr Freiräume bräuchte. Katja konnte das gar nicht verstehen und war genauso ratlos wie du jetzt. Total grundlos kapselte sich Thomas ab. Na ja, irgendwann kannten wir dann den Grund: Er hatte zwei lange Beine und hieß Marlene.« Ute redete sich ziemlich in Rage, musste allerdings irgendwann zugeben, dass die Dinge bei Günther doch irgendwie anders gelagert waren.

1. Günther ist 63 Jahre alt.

Gut, strenggenommen ist das Alter kein Argument. Nehmen wir Wilhelm Reinke, einen Mitbewohner von Tante Lotti im Heim. Er geht schon auf die neunzig zu und ist trotzdem noch ein echter Schürzenjäger. Im Heim hat er nicht nur eine Freundin, sondern gleich zwei. Je nach Stimmungslage darf entweder Frau Hartmann (83, schwerhörig) oder Frau Meier (87, sehbehindert) neben ihm im Speisesaal sitzen und mit ihm Händchen halten. Ich habe sogar einmal beobachtet, wie er mit Frau Hartmann unschuldig Händchen hielt und nebenbei Tante Lotti, die ihm gegenübersaß, zuflüsterte: »Lotti, du bist einfach die Schönste hier.« Tante Lotti hält sich zum Glück aus diesen Spielchen raus (»Ich lass mich doch in meinem Alter nicht mehr auf einen Herzensbrecher ein!«), doch er ist der beste Beweis für ihren Lieblingssatz: »Traue keinem Mann über sechzig.«

Das mag ja auf viele Männer zutreffen, aber auf Günther bestimmt nicht. Kann mich nicht erinnern, wann ich ihn jemals dabei erwischt habe, dass er einer anderen Frau auch nur hinterhergeguckt hat.

2. Wo sollte er überhaupt eine Affäre kennengelernt haben? Die öffentlichen Orte, die er in den letzten drei Monaten besuchte, konnte man an einer Hand abzählen. Und jedes Mal bin ich dabei gewesen. Günther hätte sich zum Beispiel beim Tennisturnier von Wolfgang heimlich absetzen und sofort eine fremde Frau dingfest machen müssen. (Ist de facto nicht eingetreten!)

Je länger wir über das Thema Günther und Affäre nachdachten, desto mehr mussten wir lachen.

»Das wäre aber auch zu köstlich«, kicherte Ute. »Ich stell mir gerade vor, wie Günther sich heimlich mit einer anderen Frau trifft.« Wir mussten so laut prusten, dass zwei Damen am Nachbartisch entrüstet mit den Köpfen schüttelten.

»Aber wenn man es genau nimmt, wären all deine Probleme schlagartig gelöst. Ich meine, überleg mal: Er würde nicht mehr so oft zu Hause sein.« Ute kicherte wieder, und ich hatte schon Bauchschmerzen vor Lachen. »Weißt du was?«, brachte Ute glucksend hervor. »Wir bestellen uns jetzt beide einen Sekt und stoßen darauf an, dass Günther keine Affäre hat. Oder etwa doch

...?« Wieder musste ich so lachen, dass ich fast meine Kaffeetasse auf dem Tisch umgeschmissen hätte. Noch immer kichernd bestellten wir uns einen Sekt bei der Kellnerin und wollten gerade anstoßen, als plötzlich eine Frau auf uns zukam. Hatte meine Brille nicht auf, deswegen sah ich sie erst, als sie bei uns am Tisch stand: Rita. Die hatte mir gerade noch gefehlt!

»Hallo Rosa«, sagte sie trocken und guckte irritiert auf unseren Sekt. Man merkte ihr an, wie es in ihr arbeitete. Was machte Rosa Schmidt an einem Mittwochnachmittag Sekt trinkend mit ihrer Freundin Ute? Wo war Günther? Gab es was zu feiern? Oder drehte Rosa Schmidt jetzt völlig durch?

»Macht ihr euch also einen schönen Nachmittag«, sagte sie, und es war nicht klar, ob es sich dabei um eine Frage oder eine Feststellung handelte.

»Und wie geht's Günther?«, fragte sie spitz.

»Wunderbar«, brachte ich hervor. »Er genießt seinen Ruhestand in vollen Zügen.«

»Und wo ist er jetzt? Hatte er keine Lust euch zu begleiten?« Rita hob erwartungsvoll die Augenbrauen.

Wusste nicht, was ich darauf antworten sollte. Zum Glück half Ute aus. »Der tapeziert gerade zu Hause das Arbeitszimmer. Du kennst ja Günther, kann nicht fünf Minuten stillsitzen!«

Ich war froh, dass Ute so schnell reagierte, aber musste sie gleich so übertreiben?

Na ja, Rita schien auf jeden Fall mit der Antwort zufrieden zu sein. Sie nickte nur kurz und sagte: »Na, dann ist ja gut. Grüß ihn schön von mir, Rosa. Habt noch einen schönen Nachmittag, aber da mache ich mir bei euch keine Sorgen.«

Dann drehte sie sich um und ging. Ich schnappte nach Luft. Rita schaffte es doch immer wieder, einen subtil zu attackieren.

»Weißt du was«, sagte Ute, als Rita außer Hörweite war. »Wir bestellen jetzt noch einen Sekt und trinken darauf, dass uns Menschen wie Rita völlig egal sein können.«

Bevor ich protestieren konnte, hatte Ute der Kellnerin schon ein Signal gegeben.

Halten wir fest: Ich werde bald nicht nur aufgehen wie ein Sahnebaiser, sondern auch ein handfestes Alkoholproblem haben. In diesem Sinne, auf die Rentner dieser Welt: Prost!

Ich bewundere Kinder. Wir Erwachsenen können uns nicht mehr mit uns selbst beschäftigen, unsere Freizeitgestaltung ist von Angeboten durchorganisiert, Internet, TV, Volkshochschule, Alkohol, ein 4-jähriges Kind braucht das alles nicht, letztens sah ich eines, das zehn Minuten nichts weiter tat, als den vorgeneigten Oberkörper sanft zu wiegen, wobei die Arme hin und her baumelten. Zehn Minuten Quality Time.

Eine Bekannte hat eine 6-jährige Tochter, die guckt zehn Minuten ins Nichts und lächelt, und ich frage: Woran denkst du, und sie sagt Kinderschokolade. Versuchen sie mal als Erwachsener, zehn Minuten an Kinderschokolade zu denken und dabei glücklich zu sein, das geht gar nicht, sie denken: Schokolade, Kalorien, Zahnarzt, Implantate, Selbstbeteiligung, werde ich mir ein Pflegeheim leisten können, gibt es ein Leben nach dem Tode?

Ich habe mich als Kind auch beschäftigt. Ich habe sehr früh Schach gelernt, mit 7. Wir waren aber arm und unser Schachspiel alt. Es fehlten verschiedene Figuren. Da haben wir dann Figuren von der Krippe genommen, Maria, Josef, die Hirten, die heiligen drei

Könige. Einmal habe ich mit meinem Onkel gespielt und machte einen Zug, und er sagte: Hey, du kannst mit dem Bauern nicht quer übers ganze Feld ziehen, ich sagte: Das ist Jesus, der kann überall hin.

In der Pubertät hört der Spaß auf. Teenager sind oft so antriebsarm, auch miesepetrig, hängen den ganzen Tag rum mit einer Fresse, man ist geneigt zu sagen: Geh auf dein Zimmer und komm wieder raus, wenn du alt genug zum Saufen bist. Es liegt natürlich am Erwachen der Triebe. Die Fortpflanzung ist ein raues Geschäft. Aber auch wenn man einen Partner findet, haben die meisten Menschen doch Schwierigkeiten, eine Beziehung über wirklich lange Zeit am Laufen zu halten. Tiere können das. Schwäne und Wale sind monogam, haben einen Partner ihr Leben lang, Pinguine auch, das sind überhaupt Glückspilze, sie werden höchstens 20 bis 25 Jahre alt, also nie 37. 37 ist ein schlimmes Alter, die Jugend ist vorbei, die Gruft noch nicht in Sicht, aber es riecht schon ein bisschen nach Moder. Es ist das Alter der Schizophrenie, man wird von einem jugendlichen Skater auf dem Bürgersteig fast umgefahren und denkt gleichzeitig zwei Dinge: Hey, das sieht nach Fun aus, das kaufe ich mir auch und: Diese rücksichtslosen Arschlöcher sollte man alle wegsperren. Nächste Station: 40 Jahre.

Jeder Mann erhält vom Schöpfer zu seinem 40. Geburtstag ein Geschenk. Endlich muss er nicht mehr durchschlafen, sondern wird drei-, viermal wach, später öfter, um pullern zu gehen.

Das ist auch die Zeit, wo viele Menschen Haustiere anschaffen. In unserem Fall eine Katze. Mit der hab ich am Anfang gespielt, das war so süß, ich habe ihr so ein Stück Kordel vorgehalten, und sie hat versucht, es zu schnappen, ich hab es dann immer weggezogen. Und ich sage zu meiner Frau: was für ein blödes Tier, versucht 20 Minuten, ein Stück Schnur zu fangen. Und dann sagt sie: Und was ist mit dir? Ärgerst 20 Minuten mit einem Stück Schnur eine Katze. Weiber.

Wenn man älter wird, kriegt man ein anderes Zeitgefühl. Meine Frau sagt oft zu mir: Mein Gott, jetzt sind wir schon zwei Stunden zugange, willst du nicht mal langsam zu Potte kommen? Sag ich: Schön, ess ich eben nicht auf.

Viele ältere Menschen klagen, dass man im Alter so leicht zunimmt. Ging mir auch so, aber jetzt ist alles gut. Die Medizin hat festgestellt: Mäßiges Übergewicht verlängert das Leben. Habe sofort meine Diät abgebrochen. Das bin ich meiner Frau schuldig, dass ich ihr so lange wie möglich zur Seite stehe. Was hat sie von einem Modellathleten in einer Urne.

Harald Martenstein
ÜBER GEBURTSTAGE

Ich bin nicht nur regelmäßiger »Zeit«-Autor, ich bin auch regelmäßiger »Zeit«-Leser. In der letzten Woche stand ein Artikel drin, von einer Frau. Die Überschrift hieß: »Schwieriges Alter«. Die Frau schrieb, sie sei um die dreißig. Sie habe allmählich das Gefühl, dass aus der großen, romantischen Liebe nichts mehr wird. Jetzt senkt sie die Ansprüche. Vielleicht geht sie eine Vernunftbeziehung mit irgendeinem Langweilerdödel ein, um in dieser Vernunftbeziehung Kinder zu kriegen. Deswegen sei sie mit um die dreißig in einem schwierigen Alter.

Ich habe die Zeitung sinken lassen. Ich bin aufgestanden. Ich bin voll Stoff mit dem Kopf gegen die Wand gerannt. Das tue ich manchmal. Es beruhigt mich. Ich habe das Fenster geöffnet. Ich habe auf die Potsdamer Straße runtergeschrien: »Eine Frau um die dreißig ist in einem schwierigen Alter!«

Wenn jemand in einem schwierigen Alter ist, dann bin wohl ich das. Ich verbitte mir in aller Form, dass andere Menschen, Mann oder Frau, in meiner Gegenwart behaupten, sie seien in einem schwierigen Alter.

Bei mir läuft sozusagen schon die Nachspielzeit. Wenn ich im Mittelalter leben würde, wäre ich schon tot. Oder, vielleicht bin ich es längst. Man merkt es vielleicht gar nicht. Diese Frau da in dem Artikel denkt an die romantische Liebe. Ich dagegen muss an meine Magnesiumtabletten denken. Der Arzt sagt: »Das Cholesterin und das Herz sind im Moment unsere Hauptprobleme. Die Leberwerte sind halbwegs okay. Die Lunge, na ja.« Das wundert mich. Echt. Ich hätte gewettet, die Leber ist das Hauptproblem. Sie hat es aber nur unter die Nebenprobleme geschafft. Ich bin in einem schwierigen Alter.

Dann habe ich weitergelesen. Die Frau schreibt über den Supertypen, nach dem sie sucht. »Mir gefallen Männer, die talentiert und eigensinnig sind, gern lesen und zum Abschied nicht ciao-ciao! sagen. Es hilft eine ausgeprägte Leidenschaft für eine Sache. Sport ist ein Plus. Geld ist egal. Über schlechten Modegeschmack könnte ich hinwegsehen.« Ich habe die Zeitung auf den

Boden geworfen und bin ohne Mantel auf die Straße gerannt. Heiliger Himmel, das bin ja ich! Sie redet von mir! Der Supertyp! Hundertprozentig! Ich habe schon als Kind gerne gelesen, das ist nachweisbar. Ich sage beim Abschied niemals ciao-ciao, da lasse ich mir lieber die Zunge amputieren. Sie weiß sogar das mit dem schlechten Modegeschmack und der ausgeprägten Leidenschaft für diese eine Sache.

Es ist ein Fingerzeig des Schicksals. Vielleicht sollte ich anrufen. Wir könnten erst mal zusammen joggen. Sport ist ein Plus. Mein Arzt sagt das auch immer.

Jürgen Brater
LABER, LABER, LABER: ZUM PUNKT KOMMEN!

Für eine weitere Unart, mit der sich altersweise Senioren gern unbeliebt machen, ist Elisabeth, die dritte Frau unseres Freundes Ulrich, ein Beispiel par excellence. Will sie uns in gemütlicher Runde etwa erzählen, dass sie vorgestern in der Fußgängerzone, wo ein Radfahrer ja wirklich nichts verloren hat, von einem ebensolchen um ein Haar über den Haufen gefahren worden wäre, klingt das bei ihr etwa so:

»Vorgestern, also am Dienstag ..., nein, das war Mittwoch, oder? ... Ja, Mittwoch. Weil ich da früher immer in der Volkshochschule Französisch gehabt habe. Hat mich immer gestört, dass der an einem Mittwochabend war, weil da doch im Fernsehen so oft ›Aktenzeichen XY‹ läuft. Und das will man ja schließlich sehen. Gerade wenn man älter wird, muss man sich doch informieren, wie man sich vor Einbrechern und Betrügern schützt. Deswegen habe ich mit dem Kurs auch nicht weitergemacht. Wäre er an einem Montag oder Dienstag gewesen, hätte ich bestimmt nicht aufgehört. Schließlich kann man mit Französisch eine Menge anfangen. Ich jedenfalls, weil ich doch so gern nach Paris fahre. Eine tolle Stadt, sage ich euch. Da müsst ihr unbedingt mal hin. Allein der Louvre ...« Als sie unwilliges Gebrumme vernimmt, unterbricht sie sich kurz. Sieht sich um, lächelt. Dann geht es gnadenlos weiter: »Also am Mittwoch, gegen zwei. Oder war's schon drei? Egal, also da gehe ich so durch die Fußgängerzone und treffe ..., na, wen wohl?« Kurzer Blick in die Runde, dann leicht den Kopf schüttelnd: »Könnt ihr ja auch nicht wissen. Also, da treffe ich die Frau Ratschberger. Ihr wisst schon, die früher bei der Frau Mulfinger geputzt hat. Die mit den drei Kindern, von denen die jüngste Tochter einen Afghanen geheiratet hat. Hätte ich ja nie erlaubt.

Wo man doch so viel über Ehen mit Arabern hört. Dass eine Frau bei denen echt nichts zum Lachen hat. Wenn die dunklen Burschen nicht sogar noch ein paar andere nebenbei haben. Ist da ja erlaubt. Zum Glück hat meine Julia nie solche Anwandlungen gehabt. Da kann einem die Frau Ratschberger schon leidtun. Das habe ich ihr auch gesagt. Aber Gott sei Dank hatte sie es eilig, sonst hätte sie mich wieder ewig vollgelabert. Wie es ihrem kranken Mann geht, was die Kinder machen, ob der Hund immer noch Katzen jagt und so weiter.

Wobei, wenn ich recht überlege, lebt der Köter gar nicht mehr. Der war ja schon uralt, als die Ratschberger bei der Frau Bollinger mit Putzen aufgehört hat. Und das ist sicher schon drei Jahre her.« Kurzes Innehalten, stirnfaltenreiches Überlegen. »Nein, das sind bestimmt schon vier, wenn nicht gar fünf Jahre. Also, die lässt mich Gott sei Dank relativ schnell wieder gehen. Ich hatte nämlich noch eine Menge zu erledigen. Hatte ja um halb drei einen Termin bei der Fußpflege. Da gehe ich immer zu Frau Pedes am Marktplatz. Die macht das ganz toll. Auch wenn sie nicht übermäßig pünktlich ist. Früher war ich bei Frau ..., bei Frau ..., na, wie hieß sie noch? Die, deren Mann sich mit fünfundsechzig noch ein Elektrofahrrad gekauft hat. Würde ich ja nie tun, man hört doch überall, wie gefährlich die Dinger sind. Hat sich damit auch prompt auf die Nase gelegt und musste für längere Zeit ins Krankenhaus. Schenkelhalsbruch, glaube ich. Kann mich aber auch täuschen. Jedenfalls hat der sich mit dem Teufelsgerät ganz schön verletzt.« Kurze Pause, dann: »Aber was wollte ich eigentlich erzählen? Ach ja, die Sache in der Fußgängerzone ... [Laber ... laber ... laber ...]«

Bis sie endlich zu dem Radfahrer kommt, dem sie nur mit einem beherzten Sprung zur Seite entkommen ist – »Wenn der Depp wenigstens geklingelt hätte! Aber die jungen Leute heutzutage zischen ja so was von rücksichtslos durch die Gegend ...« –, vergeht locker eine halbe Stunde. An die sich eine weitere anschließt, in der sie den Beinahe-Unfall haargenau, mit sämtlichen Einzelheiten und möglichen Folgen schildert. Sie quasselt und quasselt wie ein Radio, das gerade den kunstgeschichtlichen Vortrag eines Professors über die Epoche Kuniberts des Zwölften überträgt. Und hört damit erst auf, wenn sie, sichtlich unwirsch, registriert, dass ihr längst niemand mehr zuhört und sich die anderen Gäste in kleinen Grüppchen angeregt miteinander unterhalten.

Muss ich das kommentieren? Ich denke nicht. Auch Sie werden in Ihrem Freundes- oder Bekanntenkreis sicher den einen oder anderen haben, der ähnlich ausschweifend erzählt, der extrem ausholt und, wenn überhaupt, erst nach einer gefühlten Ewigkeit zum Punkt kommt. Wobei er – Altersweisheit? – während seines Berichts alles kommentiert und wertet, was sich auch nur im Entferntesten dazu eignet.

Stets höflich bis zum Ende zuhören – pfeif drauf!

Rutger Booß

WEIL SIE EINKAUFEN, WENN ALLE BERUFSTÄTIGEN UNTERWEGS SIND, UND SICH IN DER SCHLANGE VORMOGELN

Senioren kaufen am liebsten dann ein, wenn auch die meisten Berufstätigen unterwegs sind. Einkauf am Morgen? Kommt nicht infrage – außer am Samstagvormittag. Die betagten Herrschaften folgen dem genetisch vorgegebenen Herdentrieb. Unbewusst spielt auch die Angst vor Einsamkeit eine Rolle. Oder ist es Sehnsucht nach dem Bad in der Menge? Der Freitagnachmittag bietet sich dafür ganz hervorragend an, wenn Tausende Berufstätige, von einer anstrengenden Arbeitswoche gestresst, sich aufs wohlverdiente Wochenende freuen und noch schnell ihre Einkäufe erledigen wollen. Mühelos gelingt es Senioren, durch geschicktes und immer wieder wiederholtes Fehlverhaltennden Berufstätigen den Feierabend zu vermiesen. Senior hat genug vom Schlangestehen. Das war vor 60, 70 Jahren, das muss jetzt nicht mehr sein. Also versucht er, von links kommend, sich an die Spitze der Schlange vor der Fleisch- und Wursttheke zu stellen unter Missachtung eines Schildes, auf dem deutlich sichtbar steht: »Bitte von rechts anstellen«.

Wenn er sich an die Spitze der Schlange gemogelt und die Aufmerksamkeit der gestressten Verkäuferin gewonnen hat, lässt er es langsam angehen. »Was wünschen Sie?«, fragt die Verkäuferin. »Vier Scheiben von der Tiroler Jagdwurst, fünf Scheiben Holsteiner Schinken, sechs Scheiben Mortadella mit Pistazien.« Die Verkäuferin macht sich ans Werk. »Nein, warten Sie«, tönt es aus Seniorenfeinschmeckermund. »Lieber fünf Scheiben von der Tiroler Jagdwurst und vier Scheiben Mortadella.« – »Schinken bleibt? Fünf Scheiben?«, fragt die geduldige Verkäuferin. »Ach, wissen Sie, ich glaube, ich nehme doch lieber den Schwarzwälder Schinken, der ist ein bisschen intensiver, oder?« Pause. »Was ist denn das für ein Schinken? Der sieht ja gut aus?« – »Das ist ein spanischer, luftgetrockneter Schinken, Serrano.« – »Ja, das muss ich mir noch mal überlegen. Mein Mann mag keinen luftgetrockneten Schinken ...« Und so weiter und so fort.

Die Kundenschlange ist kräftig gewachsen, aber noch droht keine Entwarnung. Der Senioreneinkauf im Fachgeschäft kommt mit dem Bezahlvorgang zum Höhepunkt. Ein gewaltiges Kramen in Tasche oder Handtasche beginnt. »Ich muss nur mal eben mein Portemonnaie finden.« Irgendwann findet es sich tatsächlich. Dann folgt weiteres Kramen nach Scheinen und Münzen. »Ich glaube, ich habe es passend!«, ruft nach gefühlten fünf Minuten der Liebling aller Berufstätigen und breitet seine Barschaft auf der Verkaufstheke aus. Im Bestfall ergreift die in Gelddingen erfahrene Verkäuferin die Gelegenheit zur Abkürzung des Bezahlvorgangs, indem sie versucht, einen passenden Geldschein zu ergattern und das Wechselgeld spornstreichs zurückzugeben.

Dann muss nur noch verpackt werden. »Brauchen Sie eine Tragetasche?«, fragt die höfliche Verkäuferin. »Nein danke, ich habe immer einen Stoffbeutel bei mir. O, der ist ja schon voll. Dann packen Sie es doch lieber in eine Plastiktüte.«

Wir fordern: Senioren sollten allesamt Vegetarier sein. Dann würde das Einkaufen am Freitagnachmittag im Fleischerfachgeschäft wieder mehr Spaß machen.

Wenn Vordrängeln nicht möglich ist, greifen Senioren auch gerne zu einer verbalen Erpressung. »Können Sie mich bitte vorlassen. Mein Bus fährt gleich.« Welcher mild gestimmte Berufstätige kann sich diesem inbrünstig vorgetragenen Hilferuf verweigern? Jeder Berufstätige weiß doch, dass Senioren im Gegensatz zu

Berufstätigen eines nicht haben: Zeit. Rentnerstress ist einfach viel schlimmer, viel brutaler als der drohende Burn-out eines Schichtarbeiters oder eines Freiberuflers mit einer 60-Stunden-Woche.

Schlaf ist ein wichtiges Thema bei uns. Das fällt mir besonders jetzt auf, wo ich alles aufschreibe. Mal sehen, ob ich darüber auch so nachdenken kann, wie Frau Dr. Faust es von mir erwarten würde. Also: Schlaf. Meine Frau braucht ziemlich viel davon. Vor allem zu den Zeiten, zu denen ich gerne wach wäre. Unsere biologischen Uhren laufen da nicht ganz synchron. Aber so eine Uhr verändert sich ja auch im Laufe eines Lebens. Als ich noch ganz jung war, fing ich im Grunde erst gegen elf Uhr an, so richtig wach zu werden. Abends. Und dann konnte es schon mal neun werden, bis ich endlich in die Falle kam. Morgens. Das hat sich ziemlich verschoben. Jetzt bin ich oft schon um zwölf Uhr hundemüde. Mittags. Aber dafür bin ich um vier Uhr topfit – in der Nacht.

Es hat seine schönen Seiten, das muss ich zugeben. Seit ich nachts zweimal raus muss, um die Toiletten zu inspizieren, höre ich die Vöglein zwitschern und kann den Zeitungsboten kontrollieren. Eine Bäckerlehre sollte man eigentlich vor dem fünfzigsten Geburtstag gar nicht beginnen, das ist nichts für die jungen Semester. Die alten freilich könnten auf diese Weise ihren natürlichen Schlaf-wach-Rhythmus mit einem sehr vernünftigen Arbeitstag in Einklang bringen.

Meine Frau kann ich in den Wahnsinn treiben, wenn ich nach dem Mittagessen mal eben einnicke (wobei sie erst richtig ungemütlich wird, wenn es beim Essen passiert). Allerdings gibt es auch eine gute Erklärung für diese plötzlichen Schlafattacken.

»Ich bin einfach überarbeitet, Liebling.«

»Dann nimm dir mal ein paar Tage frei, Schatz. Gönn dir eine Pause. Ja, lass uns nach Sylt fahren. Da kannst du dich erholen und dein Schlafdefizit abbauen.«

Klingt wie eine gute Idee, denke ich mir und kümmere mich darum. Als wir dann an einem sonnigen Freitag alle im Auto sitzen, wundere ich mich aber doch ein wenig: »Du willst fahren?«

»Klar«, sagt Beate. »Warum nicht? Traust du mir die Strecke als Frau nicht zu?«

»Wie käme ich dazu! Frauen können alles, was Männer auch können.«

»Stimmt«, nickt sie. »Nur besser.«

»Aber sonst fahre doch immer ich diese Strecke.«

»Ich will nicht riskieren, dass du dein erstes Urlaubs-nickerchen schon am Steuer machst.«

»Also wirklich, das finde ich jetzt ein bisschen ge-mein von dir«, protestiere ich, bestehe aber nicht da-rauf zu fahren, weil es mir im Grunde so am liebsten ist. Kann man sich ein wenig die Landschaft ansehen, mit den Kindern plaudern, Musik auswählen.

Als ich wieder aufwache, sind wir schon da. »Das ging schnell«, ächze ich und versuche, meine Wirbel zu zählen. Es sind noch alle da, ich kann jeden einzeln identifizieren.

»Hm«, erwidert Beate. »Wenn man die vier Stunden Stau bis Niebüll abzieht, hast du vermutlich recht.«

Nun gut, sie hat es selbst gesagt: Es gilt ein Schlaf-defizit aufzufüllen. Wobei ich gelesen habe, dass sich Schlaf nicht nachholen und auch nicht »auf Vorrat« neh-men lässt. Das verstehe ich nicht. Wie kommt es dann, dass mein Körper immer dann schlafen will, wenn ich eigentlich etwas anderes vorhabe – und immer dann hellwach ist, wenn Schlafenszeit wäre?

Im Urlaub spielt das natürlich eine untergeordnete Rolle. Da kann ich schlafen, wenn wir am Strand sind (und mein Sohn nicht gerade eine Sandburg bauen möchte) und wenn der Fernseher läuft (sofern nicht ge-rade übers Programm gestritten wird). Auf dem Sofa (falls es mal frei ist) oder im Bett (wenn meine Frau nicht gerade ihre perfekte Schlafposition zu finden versucht und sich von einer Seite auf die andere wirft). Urlaub, das ist so was von entspannend! Man lässt es gemütlich angehen (und schlägt sich nur bisweilen mit der Reservierung für einen Tisch in der Sansibar, mit Beates Einschlafproblemen wegen des brummenden Kühlschranks oder Claras Liebeskummer herum). Man lässt die Seele baumeln (auch bei Orkan und Dauerregen). Man entspannt total (»Paps, kannst du mich mal schnell nach Kampen rüberfahren?«) beziehungsweise trainiert seine Nerven (»Wir hoffen, es stört Sie nicht, dass wir gerade ein wenig Lärm machen wegen unseres Anbaus im rückwärtigen Teil.« – »Überhaupt nicht, so höre ich wenigstens unsere Nachbarn nicht ständig bei der rhythmischen Sportgymnastik.«).

Was bin ich froh, als dieser kurze Urlaub wieder vorbei ist. Endlich ausschlafen! Unser Sofa zu Hause hat eine eingebaute Wohlfühlfunktion, man müsste das patentieren lassen. Außerdem glaube ich, dass es von einem Magnetfeld umgeben wird, auf das mein Körper reagiert. Zumindest müsste man das mal wissenschaftlich erforschen. Unsere Matratze im Schlafzimmer scheint dagegen eher Marke Harndrang zu sein.

Familienleben als solches steht dem gesunden Schlaf sowieso in einer Art natürlicher Feindschaft entgegen. Ich habe deshalb eine Theorie entwickelt, von der die moderne Schlafforschung stark profitieren wird: Ab dem einundfünfzigsten Lebensjahr (bei manchen früher, bei anderen später) wird der normale tägliche Schlaf, der von mir so genannte Allerweltsschlaf, zu etwas anderem: zum von mir so genannten Fluchtschlaf. Der reife Mensch sucht den Schlaf, wo er ihn findet. Er tut das aus reinem Selbstschutz und weil er wirklich clever ist.

Mögen die Jungen doch ruhig Raubbau an ihren Körpern betreiben, die Alten sind einfach schlauer. Es ist längst erwiesen, dass ausreichend Schlaf gesundheitsförderlich ist und sich positiv auf die körperliche und geistige Leistungsfähigkeit auswirkt. Wir Alten wissen das längst und wussten das intuitiv schon immer! Wer länger schläft, ist später tot. Und wissen Sie, von wem ich das alles gelernt habe? Von meinem Schwiegervater. Und der ist jünger als ich.

Ein kluger Mann.

Sabine Bode
MACH MAL LANGSAM: TIEFENENTSPANNUNG FÜR TEILZEITNEUROTIKER

Du merkst, dass du älter wirst, wenn dir deine beste Freundin einen Kurs »Stressbewältigung durch Achtsamkeit« schenkt.

Früher bekam ich von Moni eine Eintrittskarte für *Rock am Ring*; heute für einen Nachmittag im Nachbarschaftsbegegnungszentrum. Das ist es wohl, was man den Lauf der Dinge nennt.

Und überhaupt, »achtsam«, ich habe immer gedacht, ich wäre schon mein ganzes Leben lang achtsam. Also, ich gucke immer, dass mindestens die nächsten fünf Meter rechts und links keine Bahn kommt, wenn ich über die Straße gehe. Ich bin immer gut zu Tieren und manchmal auch zu Menschen. Und ich bringe immer meine eigene Frischhaltefolie mit und wickle die Salatgurken im Supermarkt damit ein.

Ich horche auch oft ganz tief in mich hinein, bevor ich wichtige Entscheidungen treffe. Meistens kommt dann dabei Folgendes raus: ökologisch ein Wahnsinn, enttäuschendes Preis-Leistungs-Verhältnis, nachweislich gesundheitsgefährdend, *Stiftung Warentest* ungenügend, aber hey, wir sind im Urlaub, also scheiß drauf!

Kurz, diesen ganzen Meditationshype fand ich immer reichlich übertrieben: Wenn ich will, dass einer vor mir sitzt und die Schnauze hält, kann ich doch genauso gut den Busfahrer nach einer Umsteigemöglichkeit fragen!

Aber gut, dachte ich dann doch, kann ja nicht schaden, mal ein wenig in mich hineinzuhorchen. Vielleicht finde ich mein inneres Kind, verborgene Stärken oder zumindest mein grünes Ladekabel, das ich schon so lange suche.

Zwei Wochen später lauschten Moni und ich in einer Begegnungsstätte, die sonst auch gern für Krabbelgruppen, Sitzgymnastik und Trauerkurse genutzt wird, einer älteren Dame (also mindestens fünf Jahre älter als ich und damit unfassbar alt!) mit weißer Leinenhose, weißem Flatterhemd und baumwollfeldfarbenem Haar, deren Inneres anscheinend genauso porentief rein war wie ihre äußerliche Erscheinung. Sie begrüßte uns mit einem flüsternden Stimmchen: »Hallo, ihr lieben Menschen, ich bin Bärbel Wesseldonk-zu-Papenstedt und bin Expertin für Achtsamkeit durch MBSR, ACT und MBCL!«

Freundlich erwartungsvoll guckte sie in die Runde. Als sich unsere Blicke trafen, antwortete ich reflexartig: »Tach auch, Bode, ich bin Expertin für ADS und C&A.«

Um mich herum ein Dutzend stressverringerungswilliger Frauen (War ja klar. Männer entspannen sich offenbar lieber, indem sie achtsam ihre Socken *neben* den Wäschekorb schmeißen.), die einhellig befanden: Das hier ist nicht der Ort für Humor. Dies ist ein Ort für Selbstfindung, Gelassenheit und Flatulenz!

»Als Erstes möchte ich Ihnen MBSR vorstellen«, raunte die Weißhaarige im Tonfall einer anthroposophischen Puppenspielerin.

»Okay, aber wenn ich ›Stopp‹ rufe, machen Sie die Handschellen wieder auf, oder?«, warf ich leicht ängstlich ein.

Unbeachtet meiner Sorge erklärte Baumwoll-Bärbel weiter: »MBSR wurde von Jon Kabat-Zinn erfunden. Er ist der Vater der *Mindfulness Based Stress Reduction.*«

»Ja, und du bist die Mutter aller Probleme, dann passt ihr ja wunderbar zusammen ...«, wollte ich sagen, dachte ich aber nur. War das jetzt schon die Achtsamkeit? Schien ja alles schnell zu wirken.

Dann schlug die gute Frau einen Gong, der so lange nachhallte, dass ich mich einfach nicht beherrschen konnte und laut rief: »*MB* präsentiert!« Moni guckte böse.

Ja ja, auch ich hatte verstanden. Bei diesem Achtsamkeitskurs ging es nicht um »Augen auf beim Eierkauf!«, sondern eher so um Innereien. Aber so schnell konnte ich nicht aus jahrelang praktizierten Verhaltensmustern ausbrechen, da müssen auch die Achtsamen mal Verständnis für haben.

»Gebe dir selbst die Erlaubnis, dich wahrzunehmen«, referierte Babs weiter.

»Gib!«, rief ich.

»Was?«

»Es heißt ›gib‹!« Moni stopfte mir ihr Blumenhalstuch in den Mund, sodass ich nur noch »iib« rufen konnte.

»Jetzt lass doch mal deine ständige Besserwisserei und lass dich einfach drauf ein!«, versuchte Moni mich zu beruhigen und warf den anderen einen fremdschämigen Blick zu.

Mit deutlich eingeschränkter Sauerstoffzufuhr im Gehirn konnte ich die folgende Sitzmeditation nur noch bruchstückhaft wahrnehmen. Was aber auch daran gelegen haben könnte, dass das orientalische Minisitzkissen ungefähr so bequem war wie ein antiker Melkschemel.

Mit geschlossenen Augen lauschten wir ihren liebevoll hingehauchten Imperativen: »Sei freundlich und wohlwollend zu dir selbst. Denke daran, es gibt keine falschen Gefühle. Was immer du spürst, akzeptiere es, es ist völlig in Ordnung.«

Ich spürte vor allem Schmerzen in der Hüfte, die Blähungen meiner linken Sitznachbarin und einen Riesenhunger auf *Baileys*-Cupcakes.

»Nimm deine Gedanken wahr, aber bewerte sie nicht«, ließ die menschgewordene Entdeckung der Langsamkeit vorn verlauten.

Ich bewerte meine Gedanken nie. Als aufmerksamkeitsdefizitär veranlagter Mensch ist das nämlich ziemlich schwer, weil pro Millisekunde Informationen wie »Mit der Kleinen Englisch üben!«, »Unbedingt Veranstalter XY zurückrufen und sagen, dass er mir vegane Mettbrötchen macht!« und »Was hat Tante Gerda eigentlich 1992 bei der Familienfeier gemeint, als sie sagte, mein Marmorkuchen wäre ein bisschen zu trocken geworden?« gleichzeitig über meine achtspurige Gehirnautobahn rasen.

»Vielleicht möchtest du die Hände auf deinen Bauch legen? Erspüren, wie sich die Bauchdecke hebt und senkt?«, säuselte sie weiter.

»Vielleicht möchte ich aber auch einfach nur die Beine in die Hand nehmen«, dachte ich, »denn die Gedanken sind frei, kein Mensch kann sie wissen, kein Jäger erschießen. Hey, was ist das wieder für eine gewaltdominierte Sprache im deutschen Volkslied, muss ich unbedingt mal eine Glosse für bento schreiben ...« Aber da schlug schon der Gong.

»Hoch die Hände, Wochenende!«, hätte ich beinahe gerufen, aber ich hatte dazugelernt.

»Namaste!«, erklärte ich stattdessen mit einer Handbewegung, die eigentlich nur DJ-Bobo-Tänzer machen.

Als kleine Hausaufgabe für die nächste Woche gab uns Bio-Babs eine Übung mit: »Nimm dich selbst an, wie du bist. Und nimm deine Mitmenschen so an, wie sie sind.«

In der Garderobe, in der sich alle aus den bequemen weißen Jogginghosen schälten, um sich genauso bequeme graue Jogginghosen anzuziehen, wollte ich eigentlich laut »HURZ!« rufen, aber Moni ermahnte mich: »Jetzt lass dich doch einfach mal drauf ein.« Recht hatte sie. Ja, ich war eine zynische alte Schachtel und musste unbedingt mehr Empathie an den Tag legen.

Ich ging also in die Stadt, wo ich das eben Gelernte ja sofort in die Tat umsetzen konnte.

Als Erstes waren neue Schuhe fällig. Ich fand in einem Schuhgeschäft namens »Comfort? Kommt vor!« auf Anhieb ein paar anschmiegsame neue Treter, die fast alle meine Kriterien erfüllten: platt-spreiz-knickfuß-kompatibel, atmungsaktiv, rutschfest ... aber leider auch: beige.

»Entschuldigung, gibt's die auch in schön?«, fragte ich die Verkäuferin, eine patente Dame im besten Alter (also irgendwo zwischen 30 und 80).

»Aber hören Sie, der ist doch wunderschön, bequem, modern, und das Modell *Sahara* wird immer gern genommen. Gerade erst habe ich meiner Mutter ...«

»Halt«, sagte sofort eine innere Stimme zu mir, »jetzt bloß nicht wieder übergriffig werden und die Frau mit Schuhkartons bewerfen!«

Ich legte den rechten Daumen auf das linke Nasenloch, atmete tief ein und langsam wieder aus und unterbrach ihren Redefluss.

»Ich verstehe Sie sehr gut«, sagte ich und legte ihr die Hand auf die Schulter. »Sie sind eine Poetin, gefangen im Körper einer Schuhverkäuferin, und möchten mir wirklich nichts Böses, sondern sehr achtsam durch die Blume sagen, dass ich mein Alter akzeptieren und dieses Gottesgeschenk ruhig auch in der Wahl der Fußbedeckung nach außen tragen soll. Das ist wirklich sehr lebensbejahend und aufrichtig. *Aber die Farbe ist einfach nur kacke! Ich sehe damit ja aus wie die Urgroßmutter der Schaukelstuhl-Mutti aus ›Psycho‹!«*

Sanft wurde ich daraufhin von den Sicherheitskräften aus dem Seitenausgang geschoben, und ich merkte: Hmm, das hat noch Optimierungsbedarf.

Nächster Anlauf: Dessousgeschäft. »Guten Tag, ich suche einen formstabilen BH in Größe 90C«, wendete ich mich an das Fachpersonal.

»Verstehe, Sie wollen so ein gutsitzendes Ding, wo einem beim Bücken nicht alles rausfällt«, sagte eine sehr bunt geschminkte Dame mit Dolly-Parton-Frisur.

»Nein«, erwiderte ich, »ich bin jetzt in dem Alter, wo man sich erst gar nicht mehr bückt. Aber gut sitzen sollte er schon.« Blondie musterte mich und fällte ohne Maßband, dafür aber offensichtlich mit 40 Jahren Berufserfahrung ihr Urteil: »*Fünfundneunzich Dääh!*«, schrie sie durch den ganzen Raum. »Dahinten, bei Übergrößen!«

In einer dunklen Ecke stand ein kleiner Ständer »Für Frauen, die mehr zu bieten haben« (als Erbsen), mit genau fünf Modellen zur Auswahl. Aber immerhin:

In dieser Größe hatten die Teile kein Schleifchen mehr in der Mitte mit neckischer Pack-mich-aus-wir-sind-ein-Geschenk-für-dich-Konnotation. Es hätte mich nicht gewundert, wenn irgendwo auf diesem Ständer noch das diskrete Schildchen »Bei Bedarf stellen wir Ihnen einen Wagenheber zur Verfügung« gestanden hätte.

Das Schöne an diesen Fachgeschäften ist ja, dass das Verkaufspersonal immer meint, nur weil man das gleiche Geschlecht hat, kann man auch die Umkleidekabine aufreißen und laut rufen: »Nein, *diese* Brust muss *da* rein!«

So auch bei mir, wo meine hilflosen Versuche, mich aus einer houdiniartigen Selbstfesselung zu befreien, gleich die Leibchen-Fachkraft auf den Plan riefen, die sogleich wild an mir herumzuppelte. Aber ich ließ es zu: Einatmen, ausatmen, einatmen …

»Der ist okay«, sagte ich und spürte dabei schon wieder leichte Erregung aufwallen, »aber haben Sie den denn in einer Farbe, die nicht beige ist?«

»Das ist nicht beige, das ist cappuccino!«, flötete sie.

Das war zu viel. Mein persönlicher Siedepunkt war erreicht.

»Hören Sie, nur weil Sie berufsmäßig ungefragt die Milchdrüsen wildfremder Frauen anpatschen, müssen Sie mir noch lange nicht Goethes Farbenlehre erklären! Dieser Gently-Shaping-Minimizer-BH ist nicht nur bügelfrei, was beknackt genug ist, denn wer bügelt schließlich seine BHs, sondern er hat eindeutig eine Farbe irgendwo zwischen Leberwurstimat und Wildschweinkacke, da können Sie ihn zehnmal, ›cappuccino‹, ›terrakotta‹ oder ›mahagoni‹ nennen, er sieht immer noch aus wie Kinderkotze!«

Aber ich hatte die Frau unterschätzt. Sie war nicht aus der Ruhe zu bringen. Offenbar hatte sie auch schon einen Achtsamkeitskurs bei Baumwoll-Babsi hinter sich. Oder schon ein ganzes Sommercamp auf Sardinien. »Ich bringe Ihnen mal einen schwarzen von ›Soraya‹. Die sind auf Problemgrößen spezialisiert«, säuselte sie hilfsbereit und unbeeindruckt von meinem steigenden Aggressionslevel. In einer Umkleide, die kaum größer war als eine Waage und mit einer Beleuchtung, in der der ganze Körper so kalkweiß wie die Klippen von Dover (und auch in etwa so geformt) aussieht, ist sie sicher viele verzweifelte Geschlechtsgenossinnen gewohnt.

»Aber sehr gern würde ich dieses Wohlgefühl verheißende Polyester-Elasthan-Gemisch an meine Haut lassen«, begann ich, aber dann blinkte dieses Wort wieder auf wie der Aufruf »Last call« am Flughafen, und ich fuhr fort: »Aber sagen Sie, was heißt denn hier *Problemgrößen*? Wollen Sie meinen Brüsten defizitären Charakter unterstellen, weil sie nicht aussehen wie Hans und Franz, sondern wie Dick und Doof?«

Die Frau stand wortlos vor mir, und ich wusste nicht, ob ihr Unterkiefer oder die vielen Plastikbügel in ihrer Hand so klapperten.

Dann fiel es mir plötzlich wie Schuppen aus viel zu weit hervorstehenden Augen: »Nimm deine Gedanken wahr, aber bewerte sie nicht!« Das war ja der eigentliche Plan des Tages.

»'Tschuldigung!«, raunte ich. »Der ist super. Packen Sie mir den ein, aber bitte in 100e.«

»Geht das so mit?«, fragte sie mich dann so semifreundlich an der Kasse, nachdem sie das Gerät in Seidenpapier mit Lavendelduft eingerollt hat, um die 89,95 Euro zu rechtfertigen.

Und ich merkte, wie mir die Achtsamkeit durch Körper, Geist und Zunge rutschte und von meinem ganzen

Wesen Besitz nahm, denn ich sagte nicht: »Ja bitte, eine Sackkarre!«, sondern nur mit einem gütigen Gesichtsausdruck: »'türlich.«

Dann ging ich mit Moni ins City-Café. Erkenntnis des Tages: Beige geht voll klar. Aber nur als Kaffee-Küchlein, Brownie-Batzen oder Mokka-Schocker. Am besten gleich alles zusammen.

Christine Westermann

LEBENSMOTTO

Bin mal wieder im Reformhaus gewesen. Diesmal wegen Aprikosenkernöl, soll gut für die Haut sein. Die alternde Haut, versteht sich. Was auch gut läuft, sagt der Verkäufer unaufgefordert, sei Lindenblütencreme, die benutze seine Großtante praktisch seit ihrer Geburt, sie bewirke Wunder. Die Großtante sei jetzt schon fast 80, sehe aber aus wie 64. Na bitte, sechzehn Jahre einfach weggecremt. Ich verlasse den Laden mit Lindenblüten und Aprikosen. Und wieder mal mit einer Karte. Die Bildbeschreibung erspare ich mir, das Motiv ist unsäglich. Der Spruch aber hat mir gefallen. »Ist uralt«, mäkelt eine Freundin. Ja und?

Für mich ist er neu.

Falls mich mal wieder jemand in einem Interview nach meinem Lebensmotto fragt – und damit kann man in meinem Alter so sicher rechnen wie mit einem Amen nach dem Vaterunser –, scheint der Reformhausspruch erst mal ganz passend:

»Es geht im Leben nicht darum, Stürme zu überstehen, sondern zu lernen, wie man im Regen tanzt.«

QUELLENNACHWEIS

Robert Gernhardt: Stufen, aus: Robert Gernhardt, Das große Lesebuch, © 2017, S. Fischer Verlag GmbH, Frankfurt am Main, S. 428

Dora Heldt: Früher war alles besser?, aus: Dora Heldt, Jetzt mal unter uns … Das Geheimnis schwarzer Strickjacken und andere ganz wichtige Erkenntnisse, dtv, München 2018, S. 132-134, mit freundlicher Genehmigung von dtv Verlagsgesellschaft mbH & Co. KG

Sky du Mont: Fitness!, aus: Sky du Mont, Steh ich jetzt unter Denkmalschutz? Älterwerden ist nichts für Spaßbremsen, Bastei Lübbe, Köln 2016, S. 147-150, mit freundlicher Genehmigung von Bastei Lübbe

Harald Martenstein: Über Jugendwahn, aus: Harald Martenstein, Vom Leben gezeichnet, Tagebuch eines Endverbrauchers, © 2017 Penguin Verlag, München, in der Penguin Random House Verlagsgruppe GmbH

Wladimir Kaminer: Auf die Gesundheit achten, aus: Wladimir Kaminer, Meine Mutter, ihre Katze und der Staubsauger. Ein Unruhestand in 33 Geschichten, © 2016 Manhattan Verlag, München, in der Penguin Random House Verlagsgruppe GmbH

Jürgen Brater: Einmal und nie wieder: Jahrgangstreffen, aus: Jürgen Brater, Pfeif drauf – morgen hast du's eh vergessen!, © 2018 riva Verlag, ein Imprint der Münchner Verlagsgruppe GmbH, München. https://www.riva-verlag.de All rights reserved. Mit freundlicher Genehmigung des Verlages

Sky du Mont: Kleines Bier, aus: Steh ich jetzt unter Denkmalschutz? Älterwerden ist nichts für Spaßbremsen, Bastei Lübbe, Köln 2016, S. 83-89, mit freundlicher Genehmigung von Bastei Lübbe

Jürgen von der Lippe: Russisch Tortelett, aus: Jürgen Lippe, Der König der Tiere. Geschichten und Glossen, © 2017 Albrecht Knaus Verlag, München, in der Penguin Random House Verlagsgruppe GmbH

Christine Westermann: Dirigent, aus: Christine Westermann, Da geht noch was – Mit 65 in die Kurve, © 2013, Verlag Kiepenheuer & Witsch GmbH & Co. KG, Köln

Rutger Booß: Weil sie einfach keine Zeit haben, aus: Rutger Booß, Immer diese Senioren! 111 Gründe, warum sie uns in den Wahnsinn treiben, © 2017, Schwarzkopf & Schwarzkopf, Berlin

Sabine Bode: Für immer 39: Wie die Werbung uns Frauen verarscht, aus: Sabine Bode, Älterwerden ist voll sexy, man stöhnt mehr. Das ultimative Lesekonfetti für Postjugendliche ab 50, © 2019 Wilhelm Goldmann Verlag, München, in der Penguin Random House Verlagsgruppe GmbH

Renate Bergmann: Gertrud kam unverrichteter Dinge vom Arzt zurück. Sie hat sich drei Stunden so nett im Wartezimmer unterhalten, dass sie vergessen hatte, was sie hat, aus: Renate Bergmann, Ich bin nicht süß, ich hab bloß Zucker, © 2014, Rowohlt Verlag GmbH, Hamburg

© 2021 Pattloch Verlag
Ein Imprint der Verlagsgruppe
Droemer Knaur GmbH & Co. KG, München
Textrecherche: Susanne Lieb, www.lieb-schafft.com
Umschlaggestaltung, Innengestaltung und Satz:
BOOKS ARE REAL, Hamburg
Umschlagillustration: Nicole Pfeiffer, Hamburg
Illustrationen im Innenteil: DigitalVision Vectors/Getty Images:
S. 4, 5, 6, 9, 17, 18, 21, 26, 28, 29, 33, 35, 37, 39, 40, 44, 45, 47, 50,
53, 55, 59, 60, 63, 66, 71, 74, 76, 79, 80, 83, 87, 89, 91, 93, 96, 99,
100, 103, 104, 106, 111, 112 J614/, S. 7 lumpynoodles/, S. 7 smart-
boy10/, S. 5-7, 9-111 cnythzl/, S. 9, 66, 71, 74 -VICTOR-/, S. 11, 15,
18, 23, 40, 42, 45, 65, 81 bortonia/, S. 17, 26, 63 appleuzr/, S. 21
vreemous/, S. 29, 33 LueratSatichob/, S. 37, 39 rambo182/, S. 40
Demansia/, S. 40, 89 jamielawton/, S. 47, 50 JakeOlimb/, S. 60
designer29/, S. 76 fonikum/, S. 87, 96, 99, 100, 103, 104 Enis
Aksoy/, S. 89, 96 RLT_Images/; Shutterstock.com: S. 11, 78 Vec-
torShow/, S. 106 StudioLondon/; alle weiteren Illustrationen:
Nicole Pfeiffer, Hamburg

Gesamtherstellung: Grafisches Centrum Cuno
GmbH & Co. KG, Calbe

ISBN 978-3-629-00440-6

www.pattloch.de
2 4 5 3 1

MIX
Papier aus verantwor-
tungsvollen Quellen
FSC® C043106